云南交通职业技术学院
利用德国促进贷款改善办学条件建设项目
系列实训指导书编委会

工程机械电控柴油机控制系统检修实训指导书

主　编　赵文珅　孙　燕

副主编　孙云梅　陈　岑

主　审　张爱山

云南出版集团

云南人民出版社

图书在版编目（CIP）数据

工程机械电控柴油机控制系统检修实训指导书 / 赵文珅，孙燕主编．-- 昆明：云南人民出版社，2020.2

ISBN 978-7-222-19143-3

Ⅰ．①工… Ⅱ．①赵… ②孙… Ⅲ．①工程机械—电子控制—柴油机—检修—高等职业教育—教学参考资料 Ⅳ．①TK428

中国版本图书馆 CIP 数据核字 (2020) 第 028473 号

出 品 人：赵石定
组稿统筹：冯 琰
责任编辑：冯 琰
责任校对：李凌浩 赵苏容
装帧设计：李 洁
责任印制：马文杰

工程机械电控柴油机控制系统检修实训指导书

Gongcheng Jixie Diankong Chaiyouji Kongzhi Xitong Jianxiu Shixun Zhidaoshu

主 编：赵文珅 孙 燕

副主编：孙云梅 陈 岑

主 审：张爱山

出版 云南出版集团 云南人民出版社
发行 云南人民出版社
社址 昆明市环城西路 609 号
邮编 650034
网址 www.ynpph.com.cn
E-mail ynrms@sina.com
开本 787mm × 1092mm 1/16
印张 5
字数 90 千
版次 2020 年 2 月第 1 版第 1 次印刷
印刷 昆明理煌印务有限公司
书号 ISBN 978-7-222-19143-3
定价 22.00 元

云南人民出版社微信公众号

如需购买图书、反馈意见，请与我社联系

总编室：0871-64109126 发行部：0871-64108507 审校部：0871-64164626 印制部：0871-64191534

前　言

本书是国家重点专业工程机械运用技术专业开设的工程机械电控柴油机控制系统检修课程的配套实训指导书。

本实训指导书主要以康明斯 ISBe 电控柴油机为例，系统地列举了控制系统中各类传感器、执行器、控制电路、电子油门踏板以及高压共轨燃油系统等主要部件的故障诊断及检修方法；同时详细讲解了康明斯故障诊断软件（INSITE）的使用方法，并且以实训的方式讲授相关知识，利于学生掌握。

本实训指导书在编写过程中注重实验实训过程的系统化，力求内容新颖，图文并茂，直观易懂，重点突出，强调实用性，重点培养学生的电路分析和故障检测诊断能力。紧密配合目前先进的电控柴油机技术运用，书中列举的故障案例、故障诊断方法和技巧均取材于实践。既可作为高职高专工程机械专业学生的实践教材，也可供从事柴油机技术服务行业的工程技术人员参考阅读。

本实训指导书内容较为全面，编写时需要查阅大量资料，为确保内容质量，特请张爱山教授担任主审。在此对参与查阅、整理资料的孙燕、孙云梅、陈岑几位老师一一表示感谢。

鉴于作者水平所限，书中难免有疏漏和不妥之处，欢迎广大读者批评指正。

编　者

2020 年 2 月

实训基本信息

学 生 姓 名：________________

专　　　　业：________________

学　　　　号：________________

班　　　　级：________________

校内指导教师：________________

校外指导教师：________________

实 训 时 间：________________

实 训 地 点：________________

实 训 成 绩：________________

目　录

实训任务一　总体认识电控柴油机

学生姓名	专业	学号	班级	实训时间	实训地点	指导教师	实训成绩

一、实训目的（2 学时）

知识点：

1. 认识电控发动机外围零部件；

2. 认识机械式发动机外围零部件。

技能点：

1. 能够区别电控柴油机与机械式柴油机；

2. 能够描述电控柴油机外围零部件的名称、功用。

二、实训设备及工具

1. 康明斯 ISBe3. 9 柴油机 1 台（国 3 排放）；

2. 康明斯 ISBe4. 5 柴油机 2 台（国 4 排放）；

3. 康明斯 ISM11 －440 柴油机 1 台（国 4 排放）；

4. 康明斯 OSX15 －525 柴油机 1 台（国 3 排放）；

5. 康明斯 B 系列机械式柴油机 1 台；

6. 康明斯 C 系列机械式柴油机 1 台。

三、实训操作步骤及方法

1. 柴油机外围零部件认识。

（1）首先，教师对照实物分别对电控柴油机和机械式柴油机进行讲解：发动机前端、后端、上部、下部、左面、右面零部件。重点讲解两者的区别。

（2）学生分组进行认识学习。

学习笔记

图 1.1　ISBe 系列发动机

2. 提问阶段。

教师对照实物进行抽查提问，了解学生对知识的掌握情况。主要的问题有：

（1）两类柴油机的相同零部件有哪些？分别指出在发动机的什么位置。

（2）两类柴油机的不同零部件有哪些？找到在发动机的具体位置。

3. 完成实训报告。

柴油机类型	电控柴油机	机械式柴油机	成绩评定（教师）
相同部件 （列举6个）			
不同部件 （列举6个）			

四、实训注意事项

1. 本实训的重点是电控柴油发动机的初步认识，讲解内容不宜太深，重点是电控柴油机与机械式柴油机的不同之处。

2. 注意在讲解零部件、系统和机构的过程中应该与工作原理相互联系，效果会更好。

3. 为了确保实训质量，应该注重最后的提问环节。

五、实训结果评定

1. 教师对学生回答进行点评，正确的进行表扬，错误的进行纠正。

2. 根据学生完成实训报告或者主动提问的情况进行登记，记入实训成绩。

实训任务二　电控柴油机控制系统的基本组成和作用

学生姓名	专业	学号	班级	实训时间	实训地点	指导教师	实训成绩

一、实训目的（4学时）

知识点：

1. 认识电控柴油机控制系统的基本组成及其在柴油机上的具体位置；

2. 掌握电控柴油机控制系统的工作原理。

技能点：

能够准确指出电控柴油机控制系统各元件的位置并描述其作用。

二、实训设备及工具

1. 康明斯 ISBe3. 9 柴油机 1 台（国 3 排放）；

2. 康明斯 ISBe4. 5 柴油机 2 台（国 4 排放）；

3. 康明斯 ISM11 –440 柴油机 1 台（国 4 排放）；

4. 康明斯 OSX15 –525 柴油机 1 台（国 3 排放）；

5. 控制系统模拟板 3 台。

三、实训操作步骤及方法

1. 控制系统的基本组成讲解（实验教师）。

讲解内容：与传统的机械控制发动机相比，电控发动机通过一个中央电子控制单元（ECM）来控制和协调发动机的工作，ECM 就像人的大脑一样，通过各种传感器和开关实时监测发动机的各种运行参数和操作者的控制指令，通过计算后发出命令给相应的控制元件，如喷油器等，实现对发动机的优化控制。控制系统通过精确控制喷油时间和喷油量，达到降低排放和提高燃油经济性的目的。

如图 2. 1 所示，ECM 处在整个发动机控制系统的核心位置。各种输入设备，包括传感器、开关和油门踏板向 ECM 提供各种信息，ECM 通过这些信息来判断发动机当前的运行工况和操作者的控制指令。输出设备为执行元件，它们执行 ECM 通过计算得出的各种控制指令。在所有的执行元件中，最重要的执行元件是实现喷油量控制和喷油时间控制的元件，比如共轨系统中实现喷油量和喷油时刻控制的是喷油器中的电磁阀。

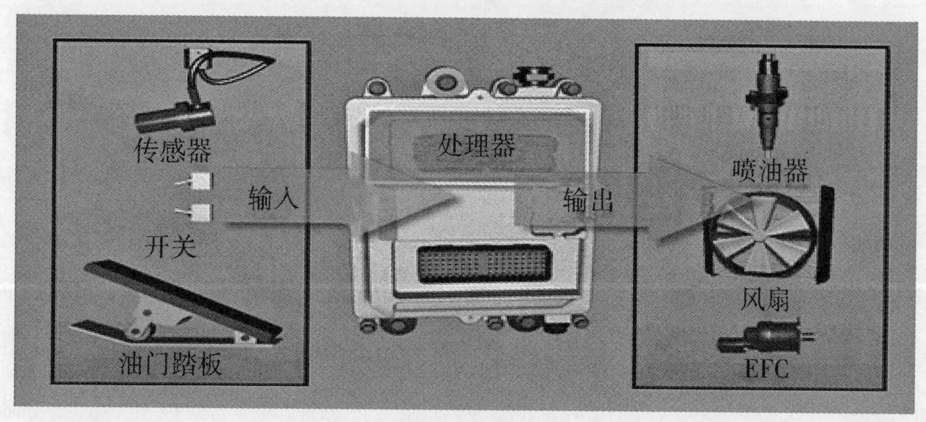

图 2. 1　电控柴油机控制系统结构组成

2. 控制系统的各个组成部分作用原理讲解。

控制系统由电子控制单元（ECM）、输入设备和输出设备组成。

（1）电子控制单元（ECM）：电子控制单元（ECM）是整个控制系统的核心（如图 2. 2 所示）。ECM 内部有存储系统和计算系统，通过采集到的各种数据，ECM 对发动机当前的运行工况作出判断和计算，再经过执行元件输出喷油指令和其他各种控制指令。这些程序在 ECM 没有物理损伤的前提下可以通过服务软件擦除重写。ECM 处理器是一台负责发动机控制、诊断和用户特性的“电脑”。

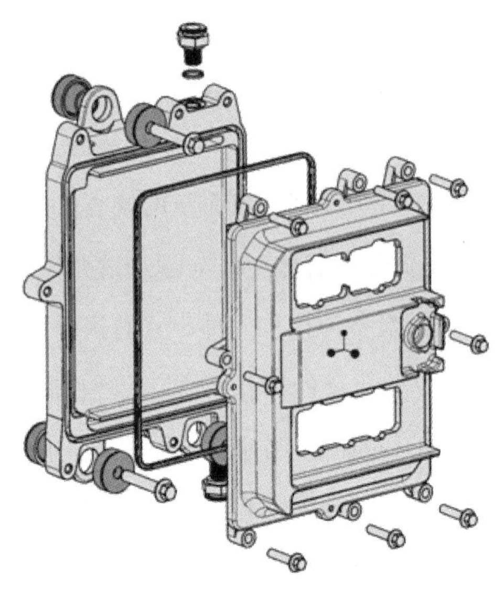

图 2.2　电子控制模块 ECM

（2）输入设备（包括传感器、开关及油门踏板）。

①传感器（如图 2.3 所示）：发动机主要通过安装在发动机和工程机械上的各种传感器来实时监测当前的运行参数，不同的机型在传感器类型和数量上会有所不同。对电控柴油发动机来说，这些传感器通常包括机油压力和温度传感器、进气温度和压力传感器、冷却液温传感器、柴油压力和温度传感器、发动机转速传感器、发动机位置传感器、大气压力传感器等。

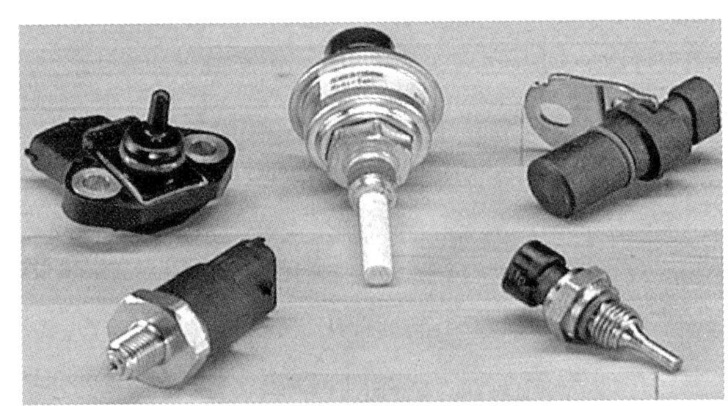

图 2.3　电控柴油发动机各类传感器

②开关：电控系统中另外一类的输入设备。和传感器不同，开关向 ECM 输入的是开关量，所以它通常是用于向 ECM 输入司机的操作指令，如诊断开关等。

根据开关控制电路的数量和结合位置的不同，开关可以分为单刀单掷开关、单刀双掷开关、双刀单掷开关等。如图2.4、2.5所示。

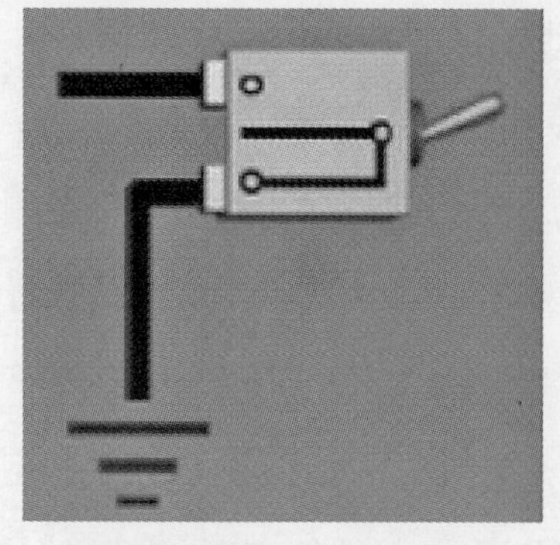
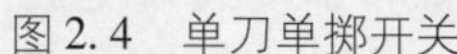

图2.4　单刀单掷开关

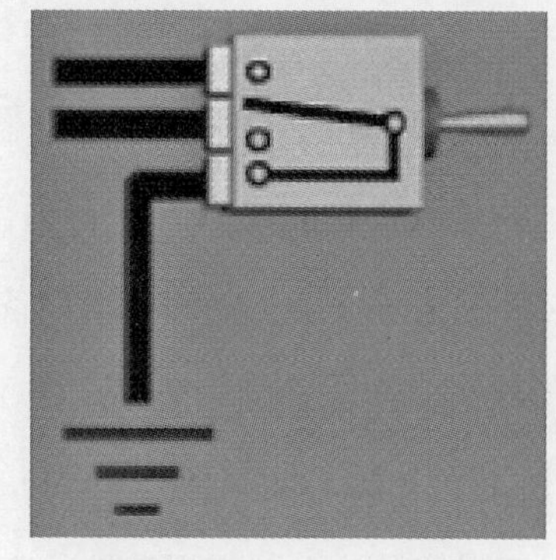

图2.5　单刀双掷开关

根据开关的结合方式，开关又可以分为瞬态开关和常态开关。瞬态开关用于临时结合，如怠速调整开关；常态开关用于长久闭合，如风扇离合器开关。

从开关的结合状态来区分，开关可以分为常开开关和常闭开关。当系统不工作时开关的结合状态即为区分的标准。电路图上显示的开关状态即为系统不工作时的状态，常开开关处在打开的位置，常闭开关处在关闭的位置。

③油门踏板：在康明斯车用和工程机械用电控发动机上，传统的机械拉杆式油门被一个标准的6线式电子油门所取代，油门踏板和发动机之间不再有任何的机械连接，既提高了油门的响应速度和精度，也有利于整车的布置。如图2.6所示，油门内部由一个电位计（可变电阻）和一个单刀双掷开关组成，单刀双掷开关的作用是向ECM提供怠速与非怠速信号，所以此开关也叫怠速校验开关。在司机踩与不踩油门时，此开关分别处在非怠速与怠速两个不同的接通位置，ECM即可通过此开关的接通位置判断司机是否已经踩下油门。

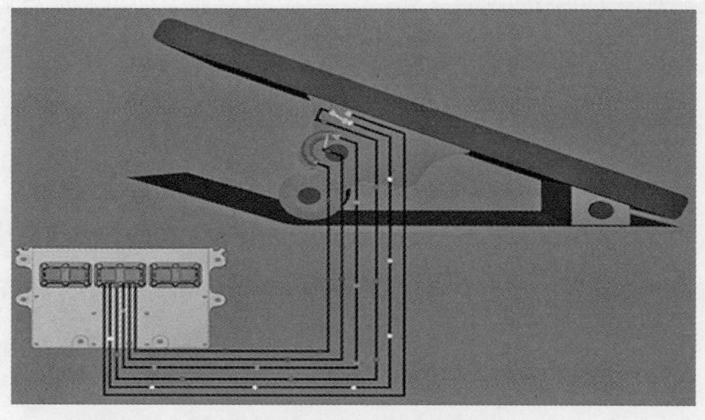

图2.6　油门踏板内部电路结构

司机踩下油门的深度，即油门踏板开启角度或油门信号，是通过一个电位计来提供的。此电位计的工作电压为5V，油门信号电压在略大于0V和小于5V之间变化。

（3）输出设备（包括电磁阀、继电器以及指示灯等）。

ECM通过输入设备的参数，进行内部程序的计算，向各输出设备输出控制指令。喷油器电磁阀为控制系统最主要的输出设备，是实现喷油量和喷油正时控制的执行元件。

①电磁阀。根据电磁阀工作方式的不同，可以分为常开/常闭型（NO/OFF）电磁阀（如图2.7所示）和脉宽调制型（PWM）执行器（如图2.8所示）。脉宽调制型执行器其开度可根据控制信号的不同实现连续的变化，所以这种执行器能实现更灵活的控制。如共轨系统中的燃油计量阀，可以实现对低压燃油流量的精确控制。

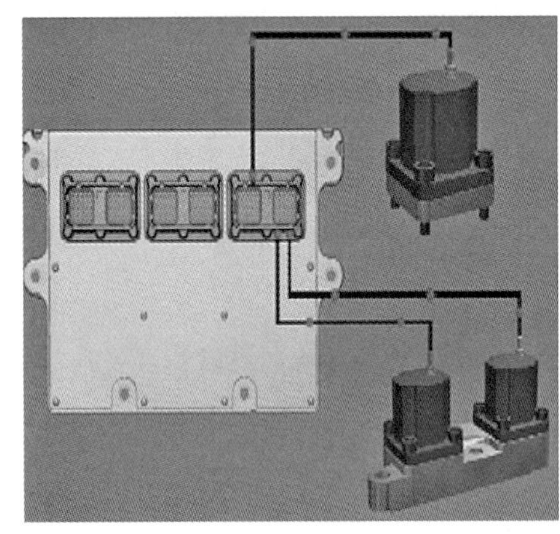

图2.7　常开/常闭型（ON/OFF）电磁阀

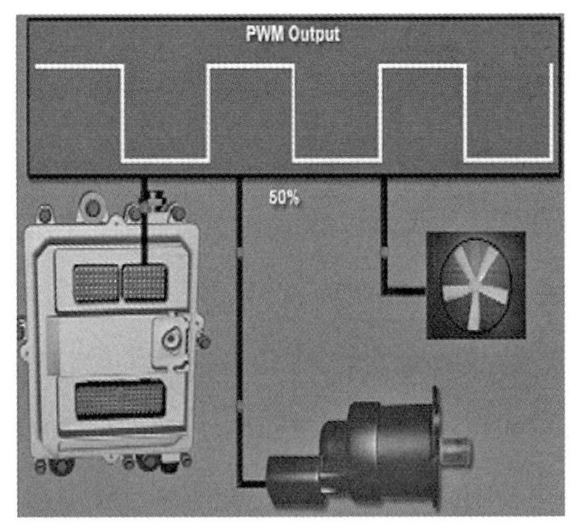

图2.8　脉宽调制型（PWM）执行器

②继电器。继电器在电控系统中也被用作输出设备，用于实现小电流对大电流的控制，或者一个电路对多个电路的控制（如图2.9所示）。典型的格栅加热器控制电路（如图2.10所示）。由于格栅加热器的工作电流很大，无法直接在ECM内通过，ECM通过控制一个继电器来控制格栅加热器的工作。ECM对继电器的控制电流最大可以达到2安培。

③指示灯。指示灯是ECM向操作者输出指示信号的输出设备，这些指示信号包括故障信号、停机警告信号、等待启动信号和保养提醒信号等。在各种指示灯中，故障警告灯和停机灯是所有机型都配备的，也是系统最重要的两个指示灯。如图2.11是故障警告灯和停机灯的一个实例。

图 2.9　各类继电器

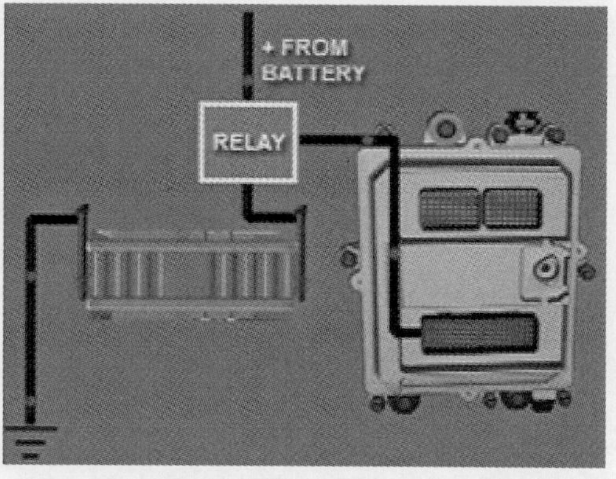

图 2.10　格栅加热器控制电路

图 2.11　故障警告灯和停机灯

控制系统能显示和记录发动机运行故障，并将这些故障以故障代码的形式来表示，这些故障代码会使故障分析变得容易些。故障代码记录在 ECM 中，利用仪表板上的故障指示灯或 INSITE 服务软件，可以读取这些故障代码。需要特别指出的是并非所有的发动机控制系统故障都会以故障代码的形式表示出来。

3. 安排学生分组进行实训学习。

学习笔记

4. 完成实训报告。

控制系统的基本组成元件		各元件的位置与主要作用
1.		
2.	①	
	②	
	③	
3.	①	
	②	
	③	

四、实训注意事项

1. 本实训的重点是控制系统的作用原理 ，讲解应该重点突出 。

2. 注意在讲解控制系统各基本组成时应与实物联系，效果会更好。

3. 为了确保实训质量，应该安排学生提问的环节，

五、实训结果评定

1. 根据各个小组的实验报告，教师进行作业讲评。

2. 根据学生完成实训报告或者主动提问的情况进行登记，记入实训成绩。

实训任务三　共轨燃油系统组成及工作原理

学生姓名	专业	学号	班级	实训时间	实训地点	指导教师	实训成绩

一、实训目的（4 学时）

知识点：

1. 认识高压燃油共轨系统的基本组成；

2. 了解高压燃油共轨系统的工作原理；

3. 技能点：

能够指出高压燃油共轨系统各部件的位置与功用。

二、实训设备及工具

1. 康明斯 ISBe 电控柴油机 1 台；

2. 《工程机械电控柴油机控制系统检修》教材。

三、实训操作步骤与方法

首先教师对照实物进行讲解：低压油路、高压油路和回油油路。

1. 低压油路（如图 3. 1 所示）。

低压油路一般由油箱、输油管、燃油滤清器（带油水分离器）、ECM 冷却板、输油泵、燃油滤清器等组成。

（1）手油泵。

手油泵安装在燃油箱与 ECM 冷却板之间的低压油路上，主要用于排除燃油系统中的空气。

（2）燃油滤清器（必须带油水分离器）。

燃油滤清器串联安装在燃油系统的低压油路中，主要功用是滤除柴油中的杂质和水分。常用的柴油滤清器一般为整体不可拆式，它旋装在滤清器座上。柴油流经滤清器时，杂质和水分被滤芯滤除，杂质附着在滤芯上，水分则沉积到壳体下部的集水腔中，清洁的柴油经出油口流出。

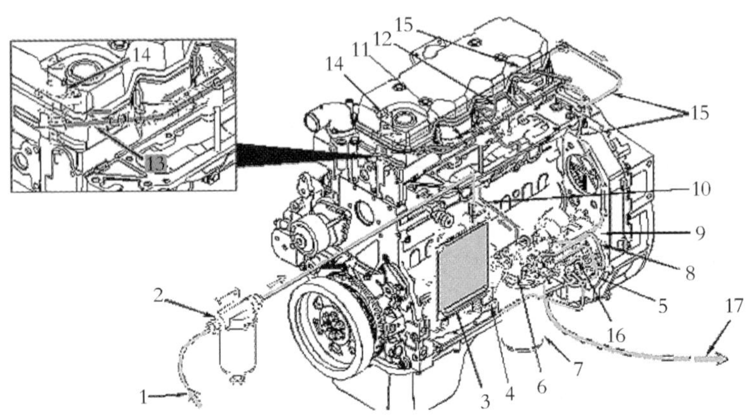

1－来自燃油箱；2－水/燃油分离器；3－ECM 冷却板；4－至燃油齿轮泵；5－至燃油滤清器；6－燃油滤清器座；7－燃油滤清器；8－至高压油泵；9－高压油泵；10－至燃油油轨；11－燃油油轨；12－至喷油器；13－高压连接件；14－喷油器；15－来自喷油器和油轨的燃流回燃油滤清器座；16－来自高压油泵的燃油流回燃油滤清器座；17－至燃油供应油箱

图 3.1　燃油系统基本组成图

（3）ECM 冷却板。

燃油经过手油泵后，来到 ECM 后的冷却板，对 ECM 进行冷却，这样可以有效延长 ECM 的工作寿命，如图 3.2 所示。随后燃油流进入输油泵，输油泵可以产生 6 ~9 kg 的压力，用于将燃油从油箱中抽出。

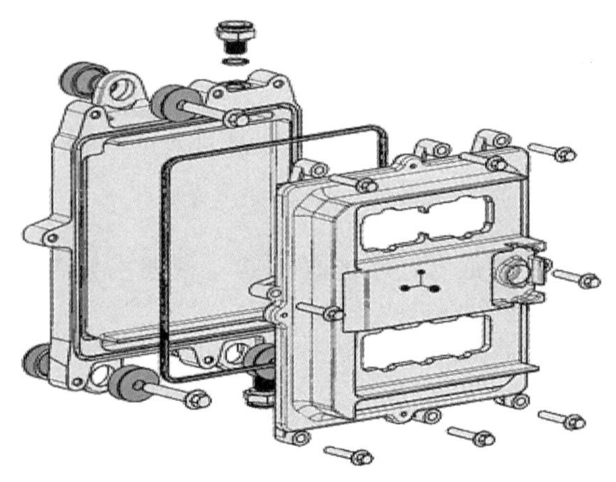

图 3.2　ECM 冷却板

（4）输油泵。

克服油路中的各种阻力，将柴油从油箱内吸出并将一定压力的柴油输送给高压油泵。

常用的低压输油泵有活塞式输油泵、膜片式输油泵、齿轮式输油泵、封闭叶片式输油泵和电动输油泵。低压输油泵的输出油压一般在 6 ~9 Bar 的压力。

康明斯 ISBe 电控柴油机输油泵采用机械式输油泵，属于齿轮式，齿轮式低压输油泵与高压输油泵组合成一体，靠发动机曲轴驱动。如图 3. 3 所示。

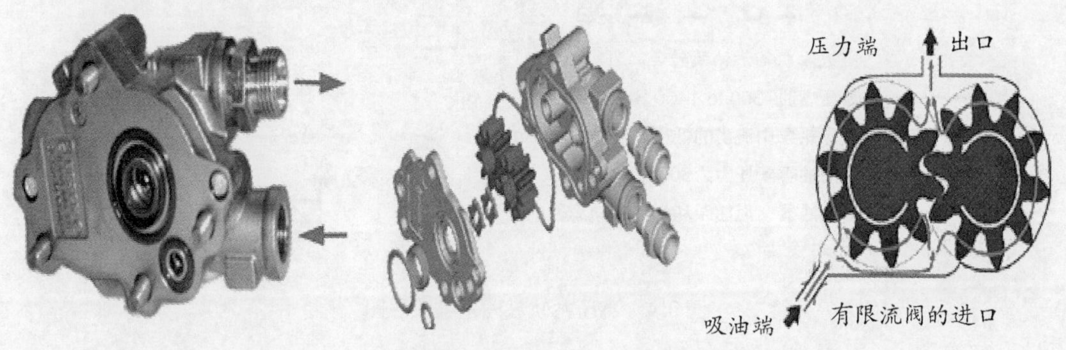

图 3. 3　齿轮式输油泵

齿轮式输油泵主要由泵壳体和一对相互啮合的齿轮组成，如图 3. 3 所示。其工作原理是发动机工作时，输油泵齿轮按图中箭头所示方向旋转，进油腔的容积因齿轮向脱离啮合的方向转动而增大，进油腔内产生一定的真空度，燃油便从进油口被吸入进油腔，随齿轮旋转，齿轮间的燃油被带到出油腔。由于出油腔内齿轮进入啮合状态使其容积减小，油压升高，燃油便经出油口被压出。

2. 高压油路组成。

高压油路一般包括高压油泵、高压油管、高压共轨以及喷油器等组成，如图 3. 4 所示。

高压油路的主要零部件有：高压油泵、高压油轨、流量控制阀、限压阀、调节阀和喷油器等。

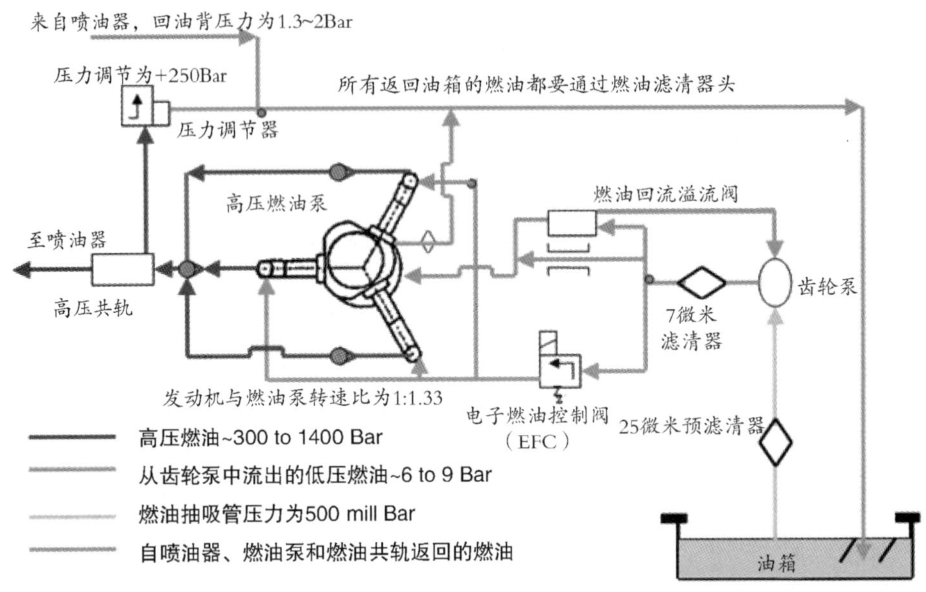

图 3.4　高压共轨燃油系统流程图

（1）高压油泵。

高压油泵的主要作用是产生高压油，可以通过由 ECM 控制的电磁阀（调压阀）来控制向共轨输送的燃油量，最终目的是实现共轨中燃油压力的控制。

高压油泵通常采用径向柱塞式油泵。如图 3.5 所示。

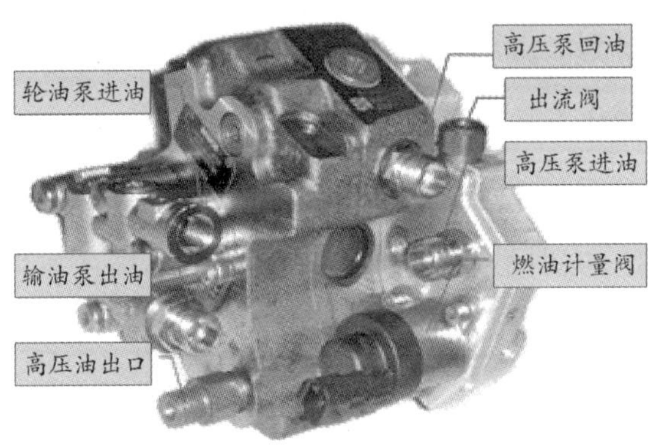

图 3.5　径向柱塞式高压油泵

康明斯 ISBe 共轨柴油机属于径向柱塞式高压油泵，最高供油压力 140MPa。

径向柱塞式高压油泵体积小、结构紧凑。如图 3.6 所示，采用三作用型凸轮驱动径向柱塞工作，3 个分泵及凸轮的 3 个凸起均相互错开 120°，这样可使 3 个柱塞泵同时吸油、同时压油，且凸轮轴每转 1 圈，3 个分泵各完成 3 次泵油过程，即高压油泵完成 3 次供油。

此高压油泵由发动机曲轴通过齿轮驱动，且传动比为1：1，则发动机每个工作循环高压油泵供油6次，与六缸柴油机的喷油频率相同。

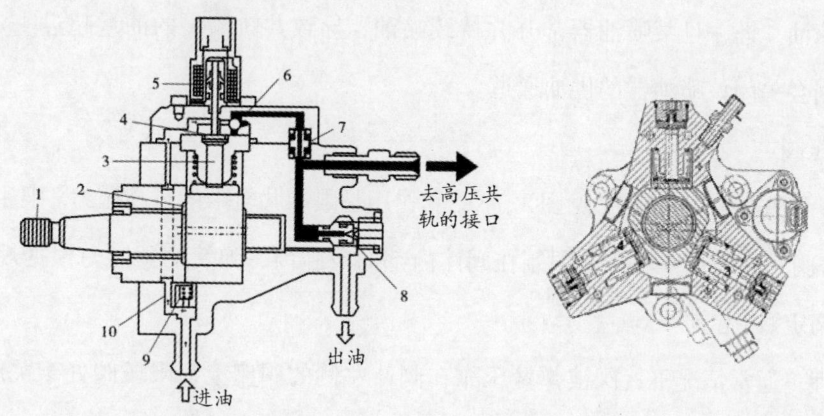

1－带偏心凸轮的驱动轴；2－多边环；3－柱塞油泵；4－进油阀；5－第三柱塞关闭电磁阀；6－出油阀；7－套；8－共轨压力调节电磁阀；9－进油压力调节阀；10－节流阀；11－燃油供给油道

图3.6　径向柱塞式高压油泵

（2）高压共轨。

高压共轨的功用是：①储存高压油泵提供的高压燃油，并根据需要分配给各喷油器，即起蓄压器的作用。②共轨应能抑制高压油泵供油和喷油器喷油时引起的压力波动，以保持共轨中压力的稳定。共轨必须具有适当的容积，容积过小，不能保持共轨中压力的稳定，容积过大，共轨中的压力响应速度变慢。

喷油器流量限制器、共轨限压阀一般都安装在共轨上，见图3.7。有的共轨系统中，用于电控系统的燃油压力传感器、调压阀也安装在共轨上。

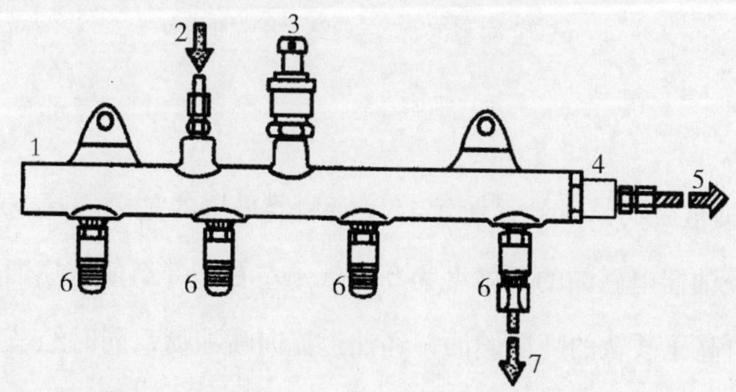

1－共轨；2－进油管口；3－压力传感器；4－限压阀；5－回油管口；6－流量限制器；7－供油口

图3.7　高压共轨

（3）流量限制器。

共轨给每个喷油器供油的通道中都安装有 1 个流量限制器。在非常情况下防止喷油器常开并持续喷油，即一旦某喷油器常开并持续喷油，导致共轨输出的油量超过一定限值，流量限制器则会关闭该喷油器的供油通道。

（4）限压阀。

限压阀一般安装在共轨上（见图 3.7），其作用是限制共轨中的最高压力。限压阀的结构见图 3.8，阀和弹簧被空心螺塞限制在阀体内部的空腔内，弹簧的预紧力根据规定的共轨最高压力调定。

工作原理：通常情况下，阀被弹簧压靠在阀体左侧的阀座上，限压阀处于关闭状态；当共轨压力超过规定值时，阀左侧承受的共轨压力超过右侧的弹簧力，阀向右移动离开阀座，共轨中的燃油经限压阀流回油箱或输油泵进油侧，随共轨中燃油的溢流，共轨压力下降，阀在弹簧作用下重新复位，限压阀关闭。

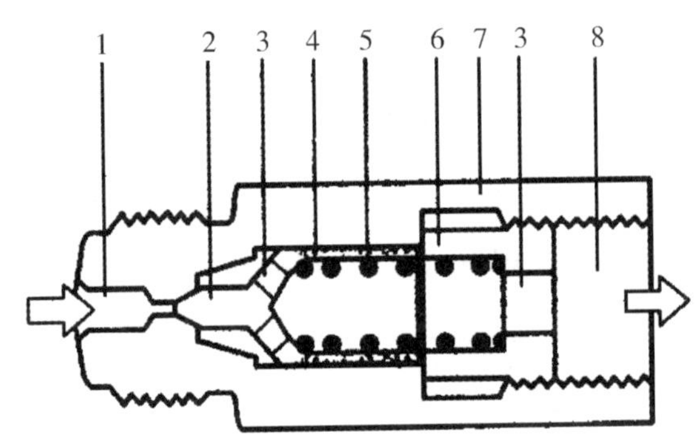

1－共轨侧进油口；2－阀头；3－油孔；4－阀；5－弹簧；
6－空心螺塞；7－阀体；8－回油口

图 3.8　限压阀

（5）喷油器。

Bosch（德国博世公司）共轨系统第二代喷油器采用的是电磁阀式喷油器，由孔式喷油嘴、电磁阀（喷油器电磁阀的灵敏度为 0.2 m/s 左右）等组成。喷油器喷孔的数量一般为 6 个左右。来自高压共轨的高压燃油，经油道流向喷油嘴，同时经节流孔流向针阀控制腔，针阀控制腔通过球阀控制的泄油孔与回油管路相连。

如图 3.9 所示，当喷油孔的电磁阀不通电时，泄油孔关闭，作用在针阀控制活塞顶部的压力大于作用在针阀承压面上的压力，针阀被迫进入阀座而将高压油道与燃烧室隔离。

当喷油器的电磁阀通电时，泄油孔被打开，针阀控制腔的压力降低，作用于针阀控制活塞顶部的压力也随之下降。一旦压力降至低于作用于喷油嘴针阀承压面上的压力，针阀上升，燃油经喷油嘴喷孔喷入燃烧室。此外，在控制柱塞处泄漏的燃油，通过回油管和高压油泵出来的回油一起流回燃油箱。

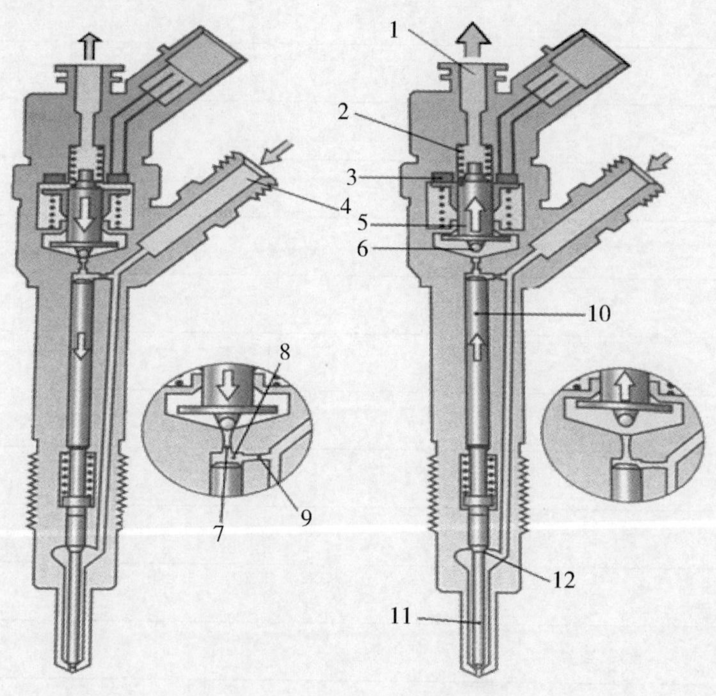

1－球阀；2－电枢轴；3－线圈；4－高压燃油连接管；5－回位弹簧；6－回油管；7－针阀控制活塞；8－承压腔；9－喷油嘴；10－针阀；11－进油口；12－承压腔

图 3.9　喷油器

（6）高压油管 。

高压燃油油管必须能够经受喷油系统的最大压力和喷油间歇时的局部高频压力波动。该油管是由钢管制成，通常外径为 6mm，内径为 2.4mm。各缸的高压油管长度是完全相同的，共轨与各缸喷油器之间的不同间距是通过各缸高压油管的弯曲程度进行长度补偿的，但油管长度应尽可能短一些。

3. 回油油路组成。

如图 3.4 高压共轨燃油系统流程图所示，回油油路一般由喷油器回油、高压共轨回油以及高压油泵回油组成。

4. 安排学生分组进行实训学习。

学习笔记

5. 完成实训报告。

<table>
<tr><th colspan="2">高压共轨燃油系统的组成</th><th>主要作用</th></tr>
<tr><td rowspan="5">1. 低压油路</td><td></td><td></td></tr>
<tr><td></td><td></td></tr>
<tr><td></td><td></td></tr>
<tr><td></td><td></td></tr>
<tr><td></td><td></td></tr>
<tr><td rowspan="6">2. 高压油路</td><td></td><td></td></tr>
<tr><td></td><td></td></tr>
<tr><td></td><td></td></tr>
<tr><td></td><td></td></tr>
<tr><td></td><td></td></tr>
<tr><td></td><td></td></tr>
<tr><td rowspan="3">3. 回油油路</td><td></td><td></td></tr>
<tr><td></td><td></td></tr>
<tr><td></td><td></td></tr>
</table>

四、实训注意事项

1. 本实训的重点是高压共轨系统的组成及作用，讲解应该重点突出；

2. 注意在讲解零部件的功用时应与实物相联系，效果会更好；

3. 为了确保实训质量，应该安排学生的提问环节。

五、实训结果评定

1. 根据各个小组的实训报告，教师进行作业讲评；

2. 根据学生完成实训报告或者主动提问的情况进行登记，记入实训成绩。

实训任务四　检测柴油机废气涡轮增压器

学生姓名	专业	学号	班级	实训时间	实训地点	指导教师	实训成绩

一、实训目的（2 学时）

知识点：

1. 掌握柴油机进、排气系统流程；

2. 掌握废气涡轮增压器的组成构造；

技能点：能够检测废气涡轮增压器。

二、实训设备及工具

1. 康明斯电控柴油机 4 台（国 3 和国 4 排放）；

2. 废气涡轮增压器 4 套；

3. 常用拆装、检测工具 4 套；

4. 教学挂图。

三、实训操作步骤及方法

1. 按照图 4.1 所示，实验指导教师进行柴油机进、排气系统流程讲解。

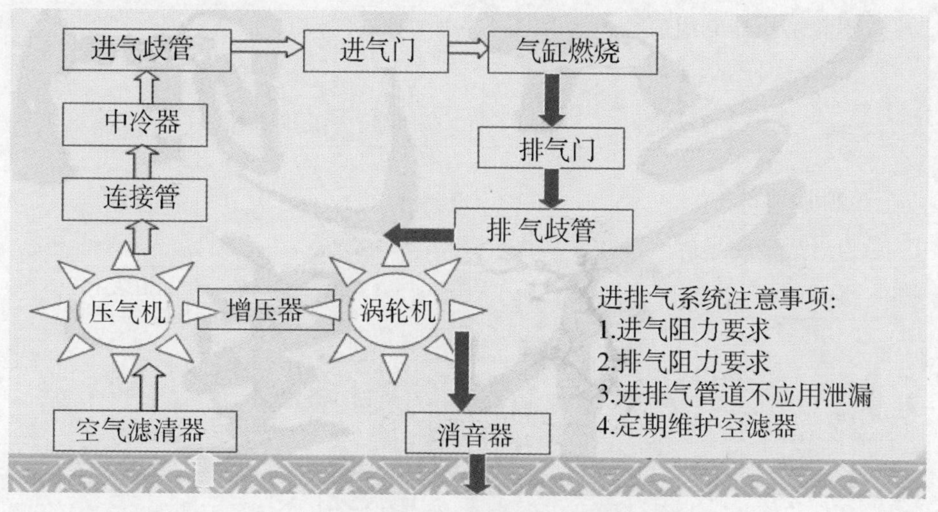

图 4.1　柴油机进排气系统流程图

2. 废气涡轮增压器的工作原理讲解。

首先教师对照实物和挂图（如图 4.2 所示）进行讲解：发动机排气废气驱动涡轮机，涡轮机吸收排气废气的热能和压能，涡轮机驱动压气机压缩进气空气，进气空气因压气机的压缩作用而温度升高，所以可以采用空气冷却器冷却空气的办法让增压空气进一步增加密度。

增压技术的优点：提高发动机功率，提高发动机燃油经济性，补偿发动机高原功率损失，增加发动机驱动能力或扭矩，减少排气污染。

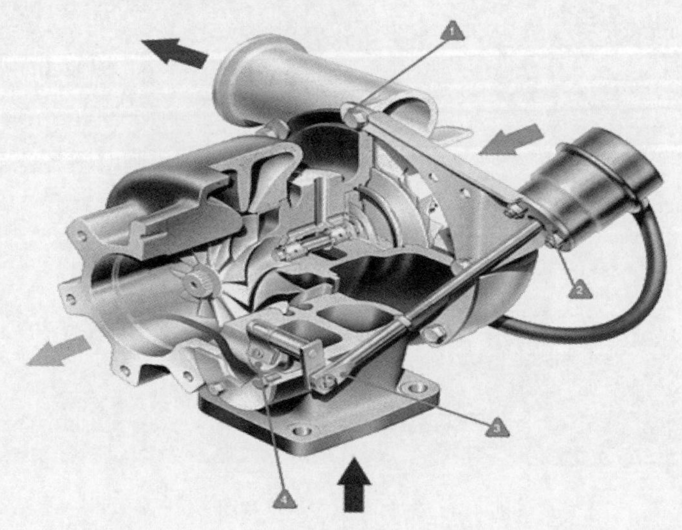

图 4.2　废气涡轮增压器的工作原理示意图

3. 废气涡轮增压器的组成构造（如图 4.3 所示）讲解。

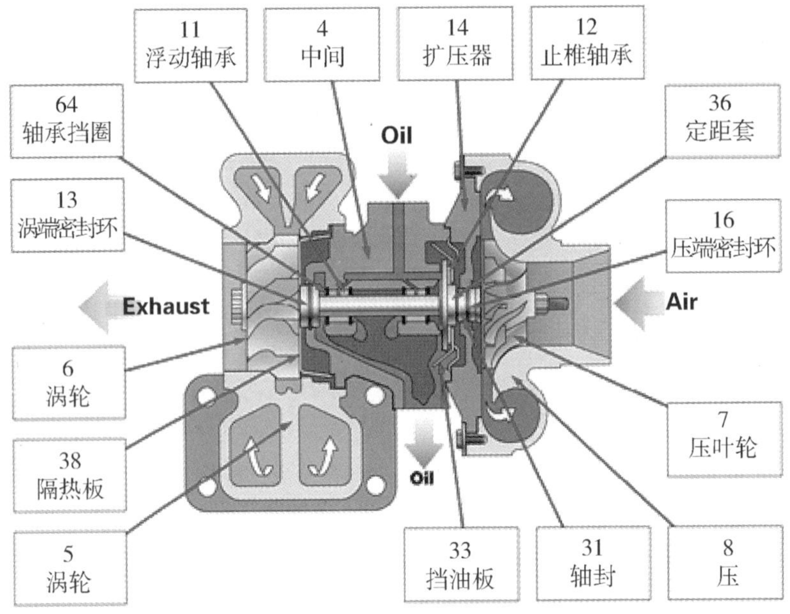

图 4.3　废气涡轮增压器的组成构造示意图

4. 废气涡轮增压器的检修。

（1）轴承间隙（如图 4.4、4.5 所示）。

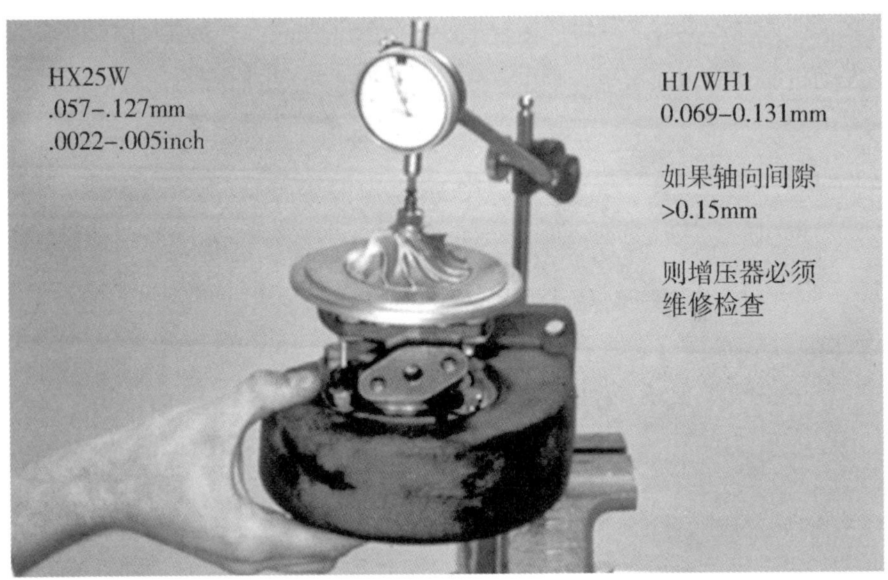

图 4.4　轴向间隙检测示意图

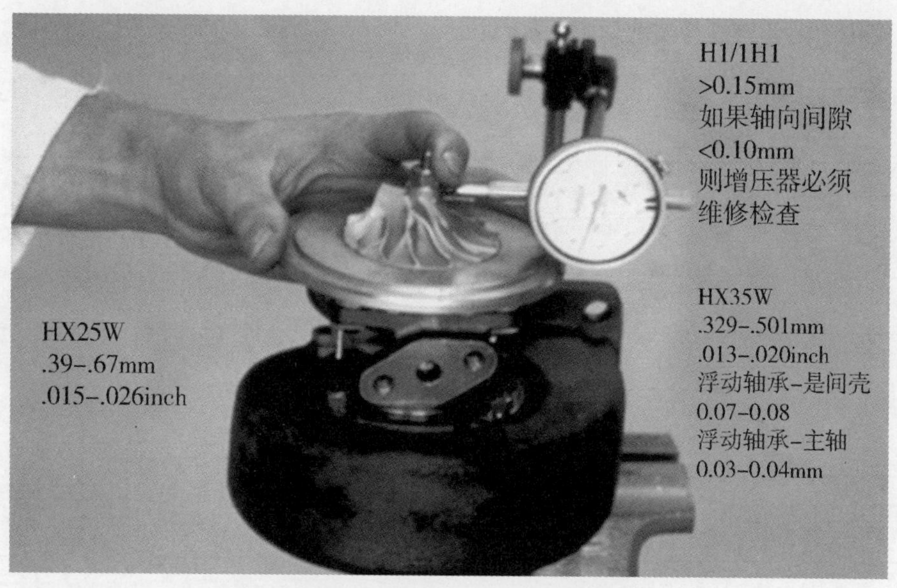

图 4.5　径向间隙检测示意图

（2）异物损坏检测（如图 4.6 所示）。

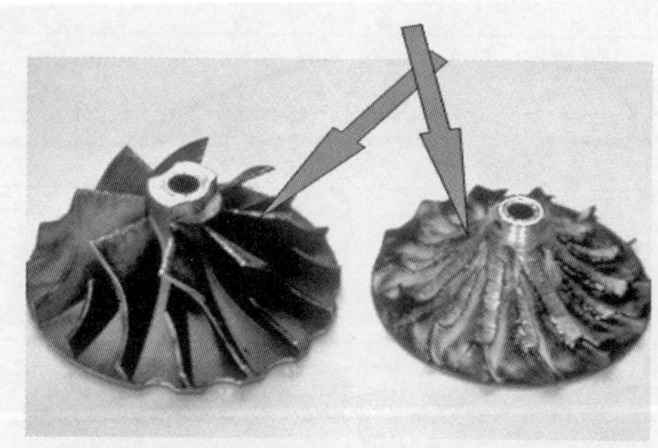

图 4.6　异物损坏检测示意图

5. 安排学生分组进行实践学习。

学习笔记

6. 完成实训报告。

增压器轴承检测	检测工具的正确使用	检测数据（MM）	检测时间（分钟）	成绩评定
轴向间隙检测				
径向间隙检测				

四、实训注意事项

1. 本实训的重点是废气涡轮增压器的检测，讲解应该重点突出；

2. 注意在讲解零部件的功用时应与实物联系，确保教学效果；

3. 为了确保实训质量，应该注意学生对检修工具的正确使用。

五、实训结果评定

1. 根据各个小组的实训报告，教师进行作业讲评；

2. 根据学生完成实训报告或者主动提问的情况进行登记，记入实训成绩。

实训任务五　分析与检测康明斯 ISBe 电控柴油机电源电路

学生姓名	专业	学号	班级	实训时间	实训地点	指导教师	实训成绩

一、实训目的（2 学时）

知识点：掌握控制系统 ECM 电源开关电路、无开关电路以及搭铁电路。

技能点：

1. 能够正确检测电源开关电路；
2. 能够正确检测电源无开关电路；
3. 能够正确检测搭铁电路 。

二、实训设备及工具

1. 康明斯 ISBe 柴油机 1 台；
2. 故障诊断模拟板 1 台；
3. 教学控制系统电路图 2 张；
4. 万用表 2 台。

三、实训操作步骤及方法

ECM 作为整个控制系统的中枢，其作用视系统不同，有所差异，下面以康明斯的 ISBe 柴油机为例。

1、电控柴油机 ECM 功能简介

ECM 是发动机的控制中心。ECM 内部有存储系统和计算系统，通过采集到的各种数据，

ECM 对发动机当前的运行工况作出判断和计算，通过执行元件输出喷油指令和其他各种控制指令。ECM 处理器是一台负责发动机控制、诊断和用户特性的“电脑”（如图 5.1）。

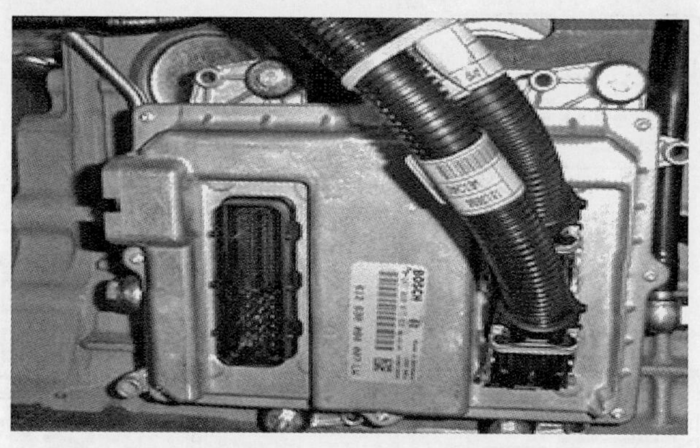

图 5.1　发动机 ECM 示意图

2、ECM 开关电路、无开关电路及搭铁电路分析。

康明斯 ISBe 柴油机蓄电池电源电路图（部分）如图 5.2 所示。

（1）无开关电路：蓄电池电源经过 30A 保险，送至 ECM 的 01、07、12、13 等 4 个端子，即为 ECM 的无开关电路（该路电源不受点火开关控制）。

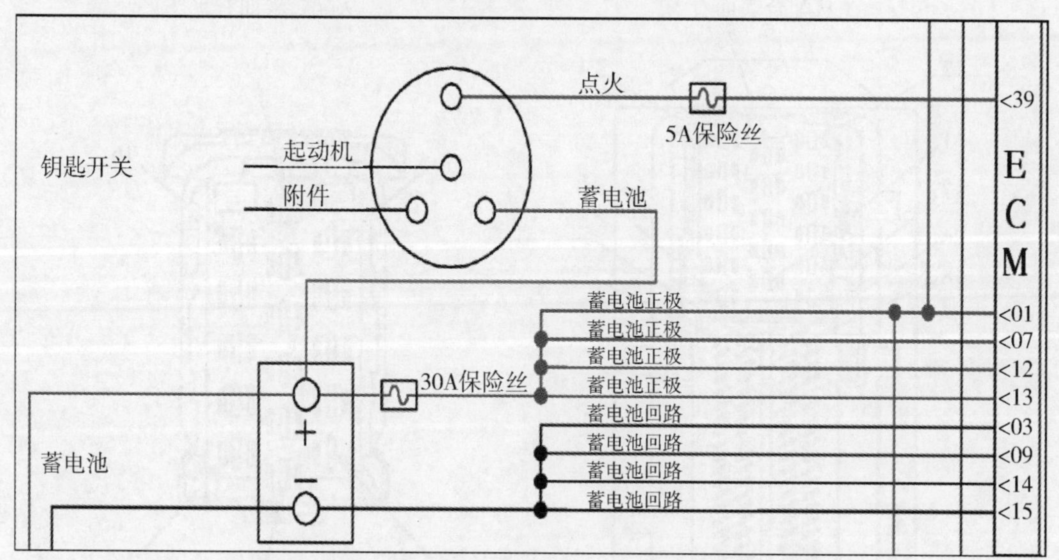

图 5.2　康明斯 ISBE Bosch 共轨柴油机 ECM 电路图（部分）

（2）开关电路：蓄电池电源经过钥匙开关，经过一个 5A 保险至 ECM 的 39 端子，即为 ECM 的开关电路（该路电源受点火开关控制）。

（3）搭铁电路：ECM 的 03、09、14、15 等 4 个端子直接接蓄电池负极搭铁。

3. 康明斯 ISBe 柴油机 Bosch 共轨控制器 ECM 引脚代号介绍，如图 5.3 所示。

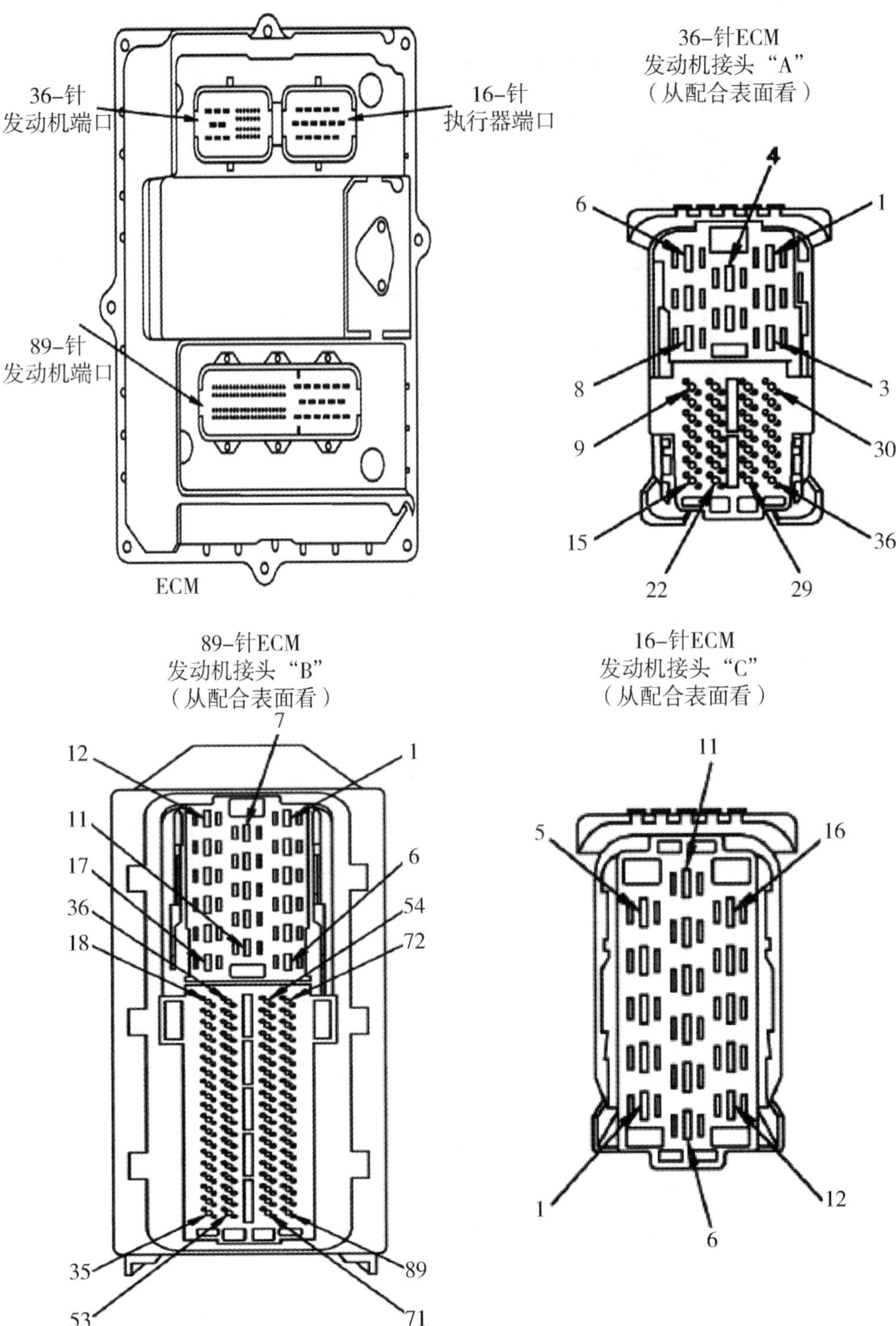

图 5.3　康明斯 ISBe 柴油机 Bosch 共轨控制器 ECM 引脚代号

4. ECM 电源电路检修注意事项。

在使用万用表检测 ECM 电路时应遵循以下方法：

（1）在检测之前，应先检查电控系统及其他电器设备各熔断器、熔断丝及相关线束连接器是否良好。

（2）在点火开关处于“ON”位置时，蓄电池电压应不低于 24V，蓄电池电压过低会影响测量结果。

（3）必须使用高阻抗的万用表或汽车专用万用表进行检测。

（4）必须在 ECM 线束连接器处于连接的状态下，将万用表的测试笔从线束侧插入测量 ECM 端子电压。(见图 5.4)。

（5）不允许在拆开 ECM 线束连接的状态下，直接用万用表测量 ECM 侧各端子电阻时，应该使用专用测试导线，否则会损坏 ECM。

（6）若要拆开 ECM 线束连接测量各控制线路，则应先拆开蓄电池负极搭铁线。若在蓄电池连接完好的状态下拆开 ECM 线束连接器，可能损坏 ECM。

（7）在检测时，应先将 ECM 连同线束一同拆出，并按维修手册规定的点火开关状态（OFF 或 ON）和发动机运转状态下，测量 ECM 相应端子与搭铁端子之间的电压。

（8）在需要对底盘和发动机进行焊接作业时，一定要将 ECM 从发动机上拆下来，否则将损伤 ECM，导致 ECM 失效。

（9）对于 ECM 故障，不可进行现场维修。

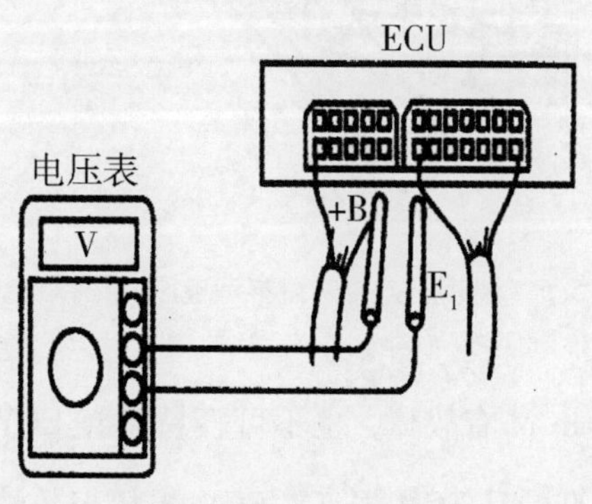

图 5.4　测量 ECM 端子电压

5. 检修。

检修方法和步骤如下：

（1）用万用表检测蓄电池的电压，应不小于24V，否则充电后再测量。

（2）测量在钥匙开关闭合和断开的情况下ECM上B（89针）插头39号针脚上的输入电压：钥匙开关闭合为24V，钥匙开关断开为0V，否则说明5A保险或线路故障。

（3）测量在钥匙开关闭合和断开的情况下ECM上B插头01、07、12、13号针脚的输入电压：钥匙开关闭合为24V，钥匙开关断开为0V，否则说明30A保险或线路故障。

（4）将点火开关置于“ON”位置，将万用表置于电压挡，从工程机械上拆下ECM，并保持线束连接器处于连接状态。

（5）依次将万用表测笔从线束插头的导线一侧插入，测量ECM各端子与搭铁端子之间的电压。如用专用测试导线测量油轨压力传感器，触针12（参考电压）、20（搭铁）的电压应为5V，否则说明ECM故障，图5.5所示。

（6）记录各端子与搭铁端子间的电压值，并与标准检测数据相比较。如测得的电压与标准值不符，则说明ECM有故障。

（7）另外也可以测量各端子间的电阻值，通过断路（∞）与通路（0～10Ω）测量。如测得的电阻与标准值不符，则说明控制系统电路有故障。

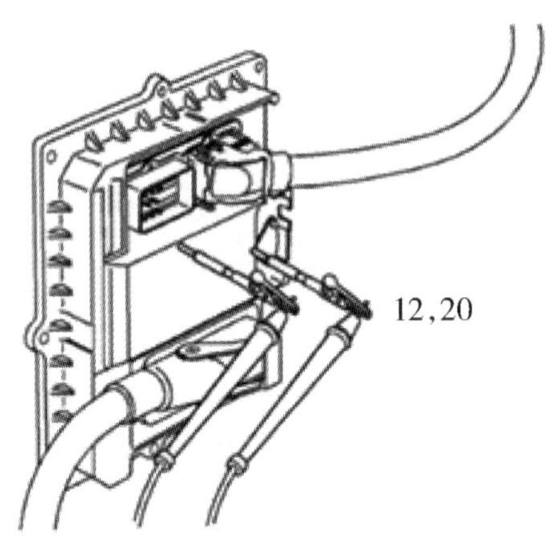

5.5　油轨压力传感器参考电压与搭铁测量

即使通过上述检测确认ECM有故障，也不可轻易废弃ECM，应再通过总成互换的方法再次进行确认，确定是否真的是ECM损坏。ECM损坏多数情况下是能够维修的，因为ECM多数损坏是因检测或使用不当引起的二极管、三极管、电容、电阻的损坏，而这些元件是通用标准件，市场上可购得，只要熟悉电子电路维修技术就可以更换。但ECM中的专用集成电路或存储器等损坏是无法修复的。

6. 安排学生分组进行实践学习。

学习笔记

7. 完成实训报告。

ECM 电源 电路检测	检测方法描述	检测数据 （V、Ω）	实训成绩
电源无开关 电路检测			
电源开关 电路检测			
搭铁电路检测			

四、实训注意事项

1. 本实训的重点是控制系统 ECM 电源电路的检测，教师的讲解与示范应该重点突出；

2. 注意万用表的正确使用方法；

3. 指导教师要注意学生实验时的操作规范性。

五、实训结果评定

1、根据各个小组的实训报告，教师进行讲评；

2、根据学生完成实训报告或者主动提问的情况进行登记，记入实训成绩。

实训任务六　故障诊断软件与电控柴油机的连接方法

学生姓名	专业	学号	班级	实训时间	实训地点	指导教师	实训成绩

一、实训目的（4 学时）

知识点：了解故障诊断软件 INSITE 的用途；

技能点：

1. 能够正确连接故障诊断软件 INSITE 与电控柴油机；

2. 能够正确分析故障诊断软件 INSITE 与柴油机的连接故障点。

二、实训设备及工具

1. 康明斯 ISBe 电控柴油机 1 台；

2. 康明斯故障诊断软件 1 套；

3. 万用表 1 台。

三、实训操作步骤与方法

1. 故障诊断软件 INSITE 概述。

INSITE 是一种作用于康明斯电子控制模块（ECM）的 Windows 软件应用程序，它能诊断并解决发动机故障，存储并分析发动机历史信息和修改发动机运行参数。INSITE 专业版还允许 ECM 下载标定。

在 IBM－兼容的个人计算机（PC）（常常是笔记本计算机）上使用 INSITE，通过 INLINE、INLINE I 或 INLINE II 数据通信适配器组件与 ECM 连接。

注册后，INSITE 拷贝并连接到 ECM 数据源，INSITE 允许获取关于发动机的当前和记录数据、更改 ECM 设置、存储数据，以便以后查看、分析数据来监测和评估发动机的运行状况。

2. 连接 INSITE。

在使用 INSITE 和 ECM 通信前，必须将计算机连接到 ECM（如图 6.1 所示）。

以下是计算机连接至 ECM 的步骤：

（1）使用 INLINE4、INLINE5 或 INLINE6 数据通信接口适配器组件。

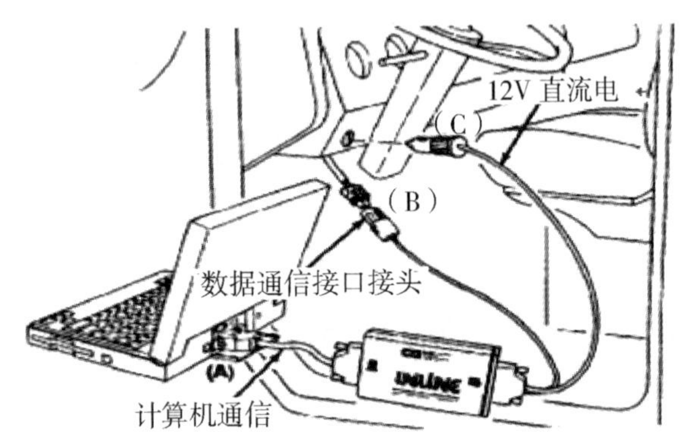

图 6.1　INSITE 和 ECM 通信连线

（2）将计算机通信电缆（A）连接至计算机后面的串行端口。

如果计算机有 9－针串行端口，使用 DB－9F 至 DB－9M 串行电缆（零件号 3824594 或 3162850）。

如果计算机有 25－针串行端口，使用 DB－25F 至 DB－9M 串行电缆（零件号 3824595）。

（3）将数据通信接口接头电缆（B）连接至车辆驾驶室或发动机舱上的数据通信接口适配器。

注：使用 INLINE4、INLINE5 或 INLINE6 适配器组件中随附的配套适配器电缆连接至车辆的数据通信接口接头。要更换电缆，可松开 DB－25 接头每个侧面上的螺钉销，然后拉出连接的电缆，换上所需电缆，牢牢地拧紧螺钉销。

如果车辆上的数据通信接口适配器接头是 2 针 Weather Pack? 或 3 针 Deutsch 接头，则将 12/24V 直流电源电缆（C）连接至驾驶室中的点烟器插头。如果驾驶室中的数据通信接口适配器接头是 6 针 Deutsch、9 针 Deutsch 或 8 针 Amp，则通过数据通信接口接头接通电源。

(4) 运行连接向导，以配置用于特定数据通信适配器连接的 INSITE。

3. 数据通信接口适配器类型。

可从适配器类型中选择：INLINE4、INLINE5、INLINE6、RP1210A 兼容性的适配器。

注：一些适配器类型可能不适用于所有的 ECM。

若要配置多个数据通信适配器，必须重新运行每个适配器类型的向导（如图 6.2 所示）。

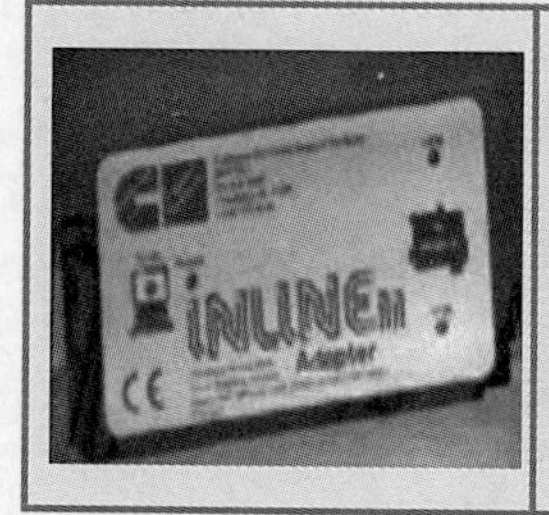

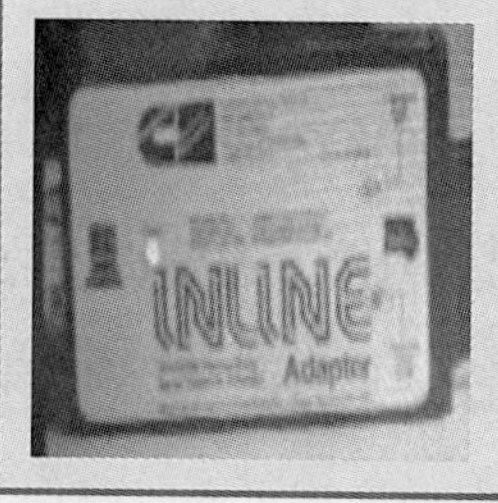

图 6.2　各类适配器

4. 将 INSITE 连接到 ECM 数据源。

为了和 ECM 或 ECM 模拟器通信，必须和数据源建立连接，有两种方法建立连接。

(1) 使用状态栏将 INSITE 连接到 ECM 数据源（如图 6.3 所示）。

这是最简单的连接方法，但前提是必须至少配置 1 个 ECM 数据源。单击状态栏上的下拉框，可看到一个当前可用的所有 ECM 数据源列表，单击需要使用的数据源，显示连接窗口。

图 6.3　连接窗口

在连接窗口中，执行下列步骤之一：

如果是连接到新的 ECM 或还没有密码的 ECM，则在安全类型下拉列表中选择无。

如果连接的是受到密码保护的 ECM，可以选定下拉列表中的安全类型，并输入该类型的相应密码。

单击连接，工作单向导会自动显示出来，以配置所选连接的工作单。

（2）使用菜单栏将 INSITE 连接到 ECM 数据源。

在工具菜单上选择连接到 ECM，然后显示连接对话框，单击连接，INSITE 将连接至状态栏上当前显示的 ECM 数据源。如果希望连接至不同的 ECM 数据源，则应该使用如上所述的状态栏进行连接。

5. 排除 INSITE 和 ECM 连接通信故障步骤。

如果与 ECM 通信出现故障，遵循以下故障诊断及排除步骤：

（1）确保钥匙开关置于“ON”位置，且 ECM 有电（发动机不应处于运行状态）。

（2）检查选项窗口中的连接页面，确保其中已列出要连接的 ECM。

（3）确认数据通信适配器（INLINE4、INLINE5 或 NLINE6）“电源”二极管指示灯是否点亮。

注：INLINE I 数据通信适配器由计算机的串口供电。如果“电源”指示灯未点亮，说明串口还未初始化。一旦 INSITE 开始工作并尝试进行“连接至 ECM”操作时，串口即被初始化，“电源”指示灯也将点亮。

（4）核实数据通信接口是否工作正常。

对于 J1587/J1708 连接：验证 INLINE 适配器上的“从 ECM 接收”、INLINE Ⅰ适配器上的“电源”或 INLINE Ⅱ/Ⅲ 适配器上的 1708 发光二极管是否正在闪烁；对于 J1939 连接：核实 INLINE Ⅱ/Ⅲ 适配器上的 1939 发光二极管是否正在闪烁。

当从计算机向 ECM 传输信息时，查看“从计算机传输”、INLINE Ⅰ “电源”或 INLINE Ⅱ/Ⅲ “至计算机”发光二极管是否闪烁。

（5）检查所有电缆接头有无浸水、弯曲、腐蚀和触针折断。

（6）维修或更换已损坏的接头、电缆。

（7）在发动机、数据通信接口适配器和计算机上重新连接所有电缆，然后拧紧所有接头螺钉。

（8）关闭 INSITE 程序和其他所有打开的程序，正确关闭计算机，然后重新启动，再次尝试与 ECM 通信。

（9）如果仍有问题，则关闭 INSITE，继续以下步骤，或与系统管理员联系寻求帮助。

（10）确保钥匙开关置于“ON”位置，并核实数据通信适配器组件是否已正确连接到发动机和计算机上。

（11）如果屏幕上显示一行字符，则说明通信设备工作正常了。有关诊断该问题的其他帮助信息，请与康明斯服务代表联系。

（12）如果屏幕上没有显示字符，说明 COM 端口可能有问题。复查 COM 端口的物理设置和在通信对话框中的设置，然后重新测试。如果仍有问题，请与计算机硬件经销商或系统管理员联系请求帮助。

4. 安排学生分组进行实践学习。

学习笔记

5. 联机测试。

联机方法与步骤描述	联机时间	通信失败的描述	实训成绩

四、实训注意事项

1. 本实训的重点是诊断软件 INSITE 与柴油机 ECM 的连接方法，讲解与示范时应该重点突出；

2. 注意在讲解诊断软件的用途时应对照 INSITE 连接向导框图，讲授效果会更好。

五、实训结果评定

1. 根据各个小组的联机操作情况，教师进行讲评；

2. 根据学生完成实训或者主动提问的情况进行登记，记入实训成绩。

实训任务七　故障诊断软件的实际运用

学生姓名	专业	学号	班级	实训时间	实训地点	指导教师	实训成绩

一、实训目的（4 学时）

知识点：了解故障诊断软件 INSITE 的基本使用方法。

技能点：能够熟练使用故障诊断软件 INSITE 进行故障诊断。

二、实训设备及工具

1. 康明斯 ISBe 柴油机 1 台；

2. 故障诊断软件 1 套。

三、实训操作步骤与方法

1. 首先打开 INSITE 窗口（如图 7. 1 所示）。

首先在电脑上打开 INSITE ，INSITE 窗口的工作区将出现视图栏，视图栏显示在 INSITE 窗口的左侧。只需单击按钮，便可以在视图窗口中显示 ECM 数据。使用视图栏，该组包含的按钮用于访问特性和参数、标定（仅限于 INSITE 专业版）、故障诊断、数据监测器/记录器、工作单、行驶信息（如果适用）等标题。

图 7.1　INSITE 窗口

2. 连接 INSITE（如图 7.2 所示）。

在使用 INSITE 和 ECM 通信前，必须按照上一次实验步骤将计算机连接到 ECM。

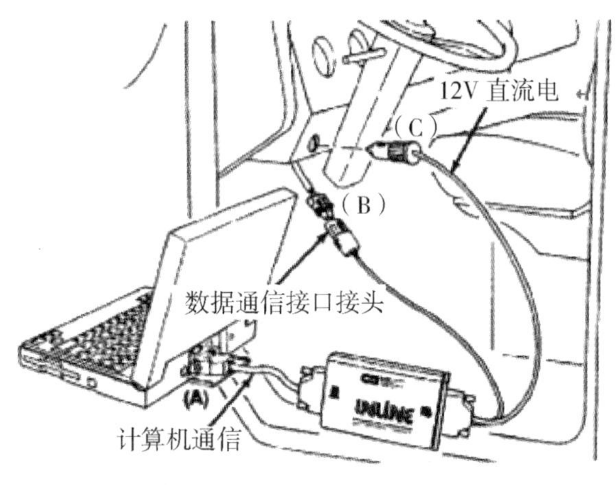

图 7.2　联机示意图

3. 运行连接向导。

点击“连接”，按照连接向导操作步骤的提示，INSITE 软件将自动配置一个特定的数据通信适配器与 ECM 连接（如图 7.3 所示）。

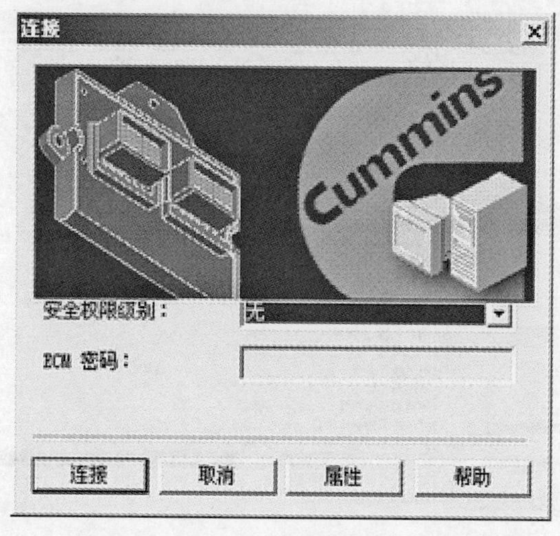

图 7.3　连接图框

4. 故障分析。

连接成功以后，点击视图栏上的故障代码窗口。

故障代码窗口显示发动机故障数据，包括发动机故障和发动机保护故障。每一种故障由一个故障代码表示，表明在控制器、子系统或发动机中的特定故障或异常情况。

故障分为现行和非现行故障：

现行故障表示故障条件正在起作用，其故障代码号前会有一个彩色圆圈。

非现行故障表示自从最后一次清除故障数据以来故障条件已经出现，但是目前不起作用，其故障代码号前会有一个灰色圆圈。

点击现行故障行或者非现行故障行，将出现另外的故障分析图框，按照提示能够获得柴油机控制系统故障的基本信息（包括故障描述、故障元件电路图、排除故障的检测方法等），此窗口提供的信息是故障诊断软件 INSITE 最重要的功能。

5. 数据监测器/记录器。

单击视图栏上的数据监测器/记录器（如图 7.5 所示），使用该窗口可以实时查看发动机输入、输出数据，也可以将数据记录到文件中，供使用时分析。可以选择特定的参数进行监测，也可以选择一组预先选择好的参数。此窗口提供的信息是用来辅助维修人员进行故障诊断与排除的。在这个例子中，起动困难组已被添加到需要监测的参数列表中。

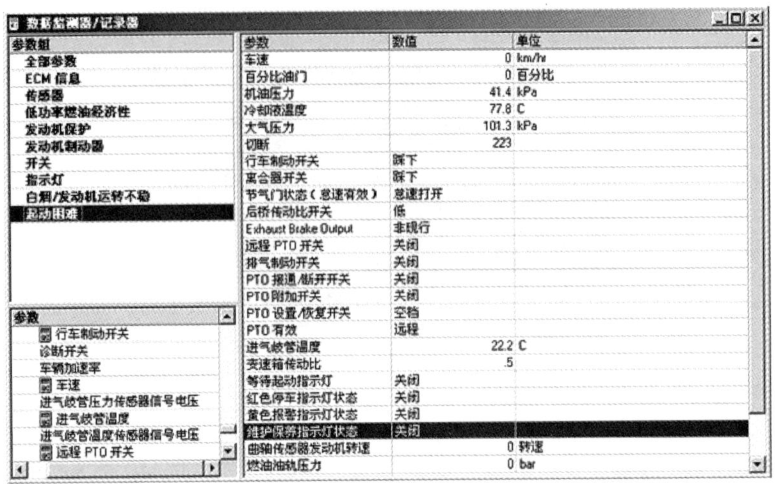

图 7.4　数据监测器/记录器窗口

6. 安排学生进行实训练习。

学习笔记

7. 完成实训报告。

故障代码窗口使用描述	数据监测器/记录器窗口使用描述	特性和参数窗口使用描述	实训成绩

四、实训注意事项

1. 本实训的重点是掌握故障诊断软件的使用方法，讲解应该重点突出；

2. 注意在讲解“故障代码窗口”时应与实际相联系，效果会更好。

五、实训结果评定

1. 根据每个小组的实际操作情况，教师进行讲评；

2. 根据学生操作实训或者主动提问的情况进行登记，记入实训成绩。

实训任务八　检测温度类传感器

学生姓名	专业	学号	班级	实训时间	实训地点	指导教师	实训成绩

一、实训目的（2 学时）

知识点：了解发动机温度类传感器的工作原理。

技能点：能够正确检测发动机温度类传感器。

二、实训设备及工具

1. 康明斯 ISBe 电控柴油机 1 台；

2. 康明斯 ISBe 电控柴油机控制系统故障模拟板 1 台；

3. 万用表测量工具 2 套。

三、实训操作步骤及方法

1. 讲解温度类传感器的种类及工作原理。

柴油机上的温度类传感器主要包括冷却水温度传感器、进气温度传感器、燃油温度传感器及机油温度传感器。其结构形式与工作原理完全相同，如图 8. 1 所示。

上述温度类传感器几乎都采用了负温度系数（NTC）热敏电阻式，在室温条件下其电阻值为 500Ω ~ 40KΩ 之间。随着温度的上升，呈现阻值减小的负温度系数热敏电阻特性，如图 8. 2 所示。

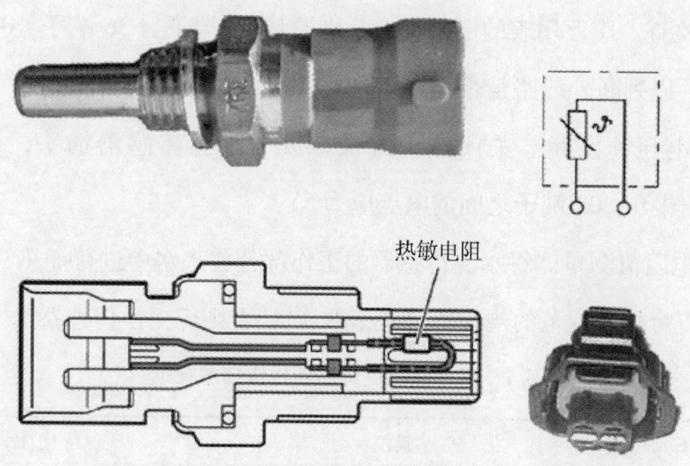

图 8.1　冷却液温度传感器的结构型式

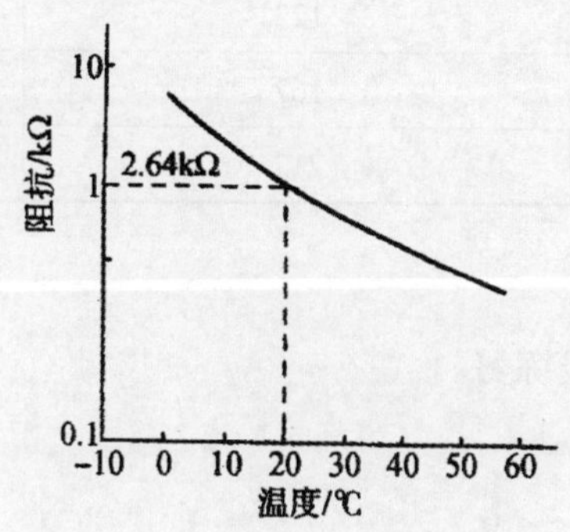

图 8.2　冷却液温度传感器特性

2. 检修方法讲解与示范

以冷却液温度传感器为例，其电路图如图 8.3 所示。具体检测步骤如下。

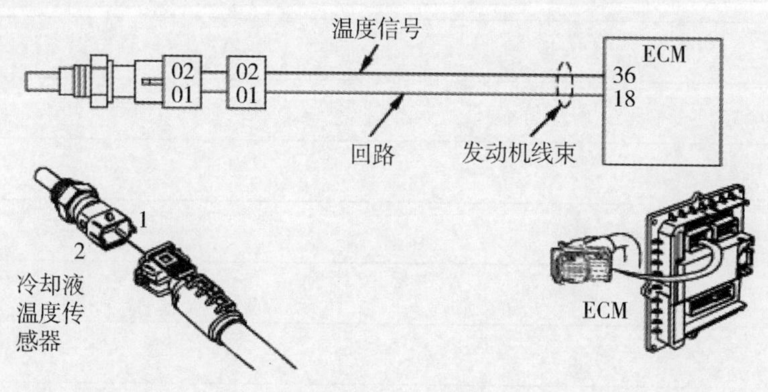

图 8.3　冷却液温度传感器与 ECM 连接电路图

（1）外线路检查。用万用表的电阻挡，分别测量02端子与36端子、01端子与18端子之间的电阻值，以判断外线路是否存在短路及断路故障。

（2）传感器电压值测量。关闭点火开关，拔下水温传感器插头，点火开关位于“ON”，测量线束侧01、02端子之间的电压应为5V。

（3）传感器电阻值测量。将水温传感器的工作部分放入水中进行加热，测量两端子之间的电阻值是否符合技术规范的规定值（见表8.1），否则应更换传感器。

表8.1　冷却液温度传感器检测技术规范

温度（°C）	温度［°F］	电阻（Ω）
0	32	5~7Ω
25	77	1700~2500Ω
50	122	700~1000Ω
75	167	300~450Ω
100	212	150~220Ω

3. 安排学生进行分组实践练习。

学习笔记

4. 完成实训报告。

温度传感器种类	检测方法与步骤	检测数据（Ω）	成绩评定
冷却水温度传感器			
进气温度传感器			
燃油温度传感器			
机油温度传感器			

四、实训注意事项

1. 重点观察学生掌握检测的方法与步骤是否符合规范；

2. 学生是否正确使用万用表测量。

五、实训结果评定

1. 根据各个小组的检测情况，教师进行讲评；

2. 根据学生完成实训报告或者主动提问的情况进行登记，记入实训成绩。

实训任务九　检测压力类传感器

学生姓名	专业	学号	班级	实训时间	实训地点	指导教师	实训成绩

一、实训目的（2 学时）

知识点：了解发动机压力类传感器的工作原理。

技能点：能够正确检测发动机压力类传感器。

二、实训设备及工具

1. 康明斯 ISBe 电控柴油机 1 台；
2. 康明斯 ISBe 电控柴油机控制系统故障模拟板 1 台；
3. 万用表测量工具 2 套。

三、实训操作步骤及方法

1. 讲解压力类传感器的种类及工作原理。

压力类传感器主要包括共轨压力传感器、增压压力传感器、机油压力传感器等，其结构形式与工作原理几乎完全相同，下面以共轨压力传感器为例进行讲解。

如图 9. 1 所示，共轨压力传感器安装在高压油轨上。

共轨压力传感器用于测定油轨中的燃油压力，并向 ECM 提供电信号，由 ECM 对高压油泵上的 PCV 阀实施反馈控制，通过增减供油量来调节油轨中的油压，使其稳定在目标值范围。

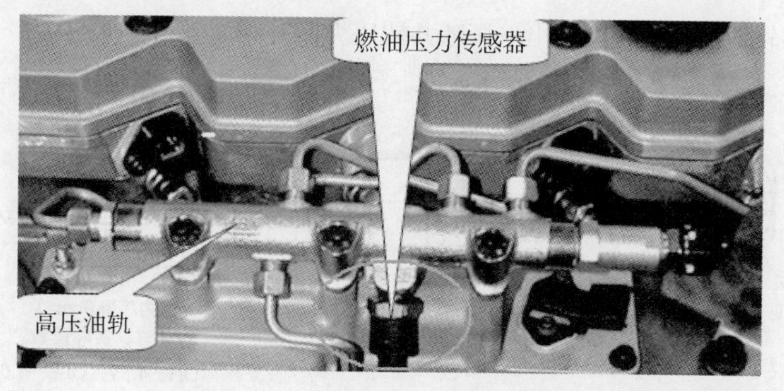

图 9.1　共轨压力传感器安装位置

共轨压力传感器由压力敏感元件（焊接在压力接头上）、带求值电路的电路板和带电气插头的外壳组成，如图 9.2 所示。燃油经过一小孔流向共轨压力传感器，传感器的膜片将孔的末端封住，高压燃油经压力室的小孔流向膜片，膜片上安装有半导体敏感元件，可将压力转换成电信号，通过导线将产生的电信号传送到一个向 ECM 提供测量信号的求值电路。

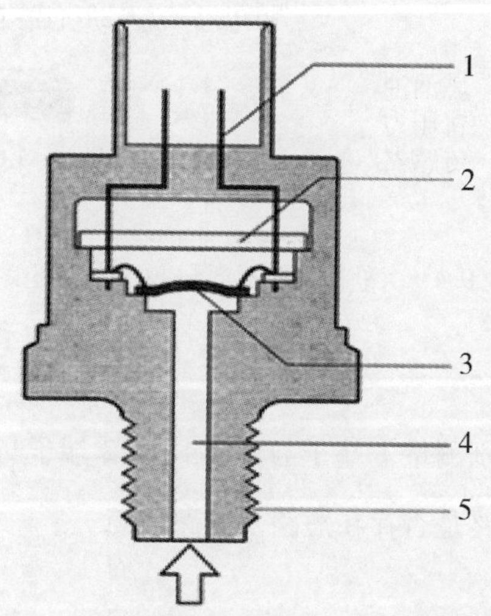

1 – 电气接头；2 – 求值电路；3 – 带有传感元件的膜片；4 – 高压接头；5 – 固定螺纹

图 9.2　共轨压力传感器示意图

当由系统压力引起膜片形状变化（150MPa 时的变化量约为 1mm）时，电阻值改变，并在 5V 供电的电阻电桥中产生电压变化。电压在 0 ~ 70mV 之间变化（具体数值由压力决定），经求值电路放大到 0.5 ~ 4.5 V 。精确测量油轨中的压力是共轨系统正常工作的必要条件，共轨压力传感器的测量精度约为最大值的 2%。

特性：共轨压力传感器的输出电压随共轨压力而升高而升高，见图 9.3。

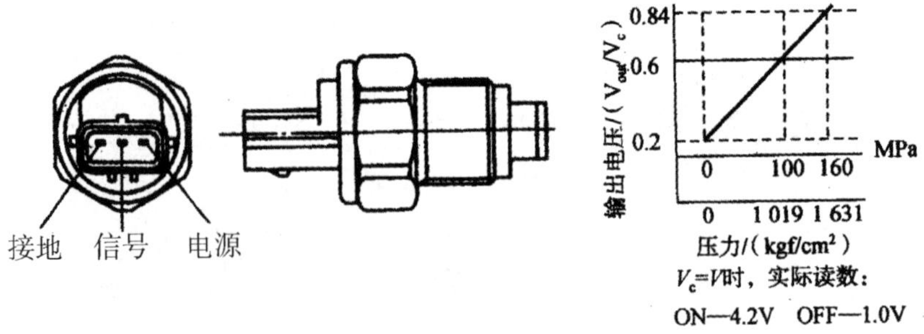

图 9.3 共轨压力传感器特性

2. 检修方法讲解与示范。

共轨压力传感器与 ECM 连接电路如图 9.4 所示，具体检测步骤如下。

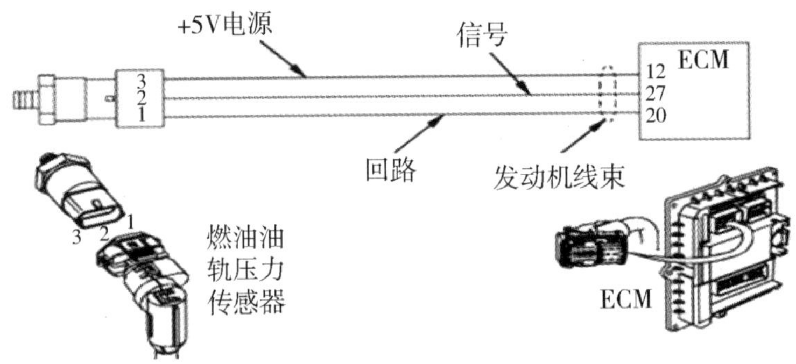

图 9.4 共轨压力传感器与 ECM 连接电路

（1）外线路检查。

用万用表的电阻挡，分别测量 1 端子与 20 端子、2 端子与 27 端子、3 端子与 13 端子之间的电阻值，来判断外线路是否存在短路及断路故障。

（2）传感器电压值测量。

关闭点火开关，拔下共轨压力传感器插头，点火开关“ON”，测量传感器侧插头 3 端子与搭铁间的电压应为 5V；2 端子与搭铁间的电压应为 0～5V 之间（其检测技术规范见表 9.1）；1 端子与搭铁间的电压为 0V。

表 9.1 共轨压力传感器检测技术规范

共轨压力传感器		
扭矩 = 35 N · m [792.48 cm – lb]		
压力（MPa）	压力（psi）	直流电压（V）
0	0	0.50
40	5801	1.39
70	10153	2.06
100	14504	2.72
140	20305	3.61
180	26107	4.50

3. 安排学生进行分组实践练习。

学习笔记

4. 完成实训报告。

压力传感器种类	检测方法与步骤	检测数据（V、Ω）	成绩评定
共轨压力传感器			
增压压力传感器			
机油压力传感燃			

四、实训注意事项

1. 重点观察学生掌握检测的方法与步骤是否符合规范；

2. 学生是否正确使用万用表测量。

五、实训结果评定

1. 根据各个小组的检测情况，教师进行讲评；

2. 根据学生完成实训报告或者主动提问的情况进行登记，记入实训成绩。

实训任务十　检测转速、位置类传感器

学生姓名	专业	学号	班级	实训时间	实训地点	指导教师	实训成绩

一、实训目的（2 学时）

知识点：了解发动机转速、位置类传感器的工作原理。

技能点：能够正确检测发动机转速、位置类传感器。

二、实训设备及工具

1. 康明斯 ISBe 电控柴油机 1 台；

2. 康明斯 ISBe 电控柴油机控制系统故障模拟板 1 台；

3. 万用表测量工具 2 套。

三、实训操作步骤及方法

1. 讲解转速、位置类传感器的种类及工作原理。

主要包括发动机转速（曲轴）传感器、发动机位置（凸轮轴）传感器，其结构型式与工作原理几乎完全相同，下面以发动机转速传感器为例进行讲解。

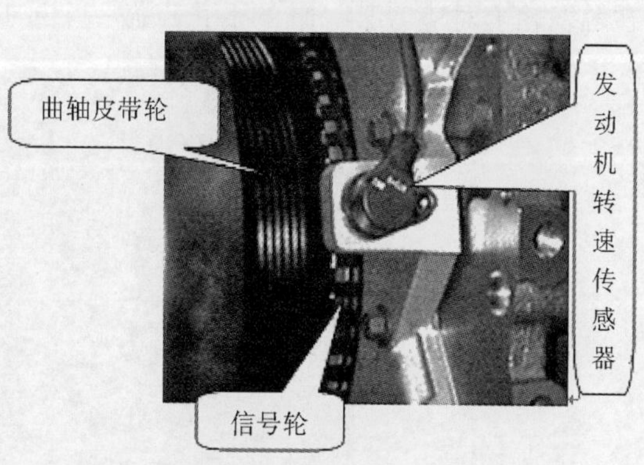

图 10.1　发动机转速传感器安装位置

发动机转速传感器又称作发动机曲轴位置传感器（或发动机转角传感器）。在电控柴油机中，发动机转速传感器用于检测发动机转速，ECM 根据此信号计算喷油量。发动机转速传感器一般安装在缸体上、曲轴前端或飞轮壳上，如图 10.1 所示。

发动机转速传感器一般采用电磁感应结构式，通常有两个接线端子（3 个端子的，增加的端子为屏蔽线）。电磁感应式速度传感器内部有一块电磁铁心和磁线绕组，电磁铁心产生电磁场，速度信号轮在旋转时切割磁场，在磁线绕组上产生交流信号，ECM 通过计量交流信号的频率即可计算出信号轮的转速，如图 10.2 所示。触发轮 6（或称信号盘）与曲轴同步旋转，在其外圆周加工了许多凸齿或凹齿。传感器固定在发动机机体上，磁铁芯与触发轮保持 0.5 ~ 1.2mm 的间隙。

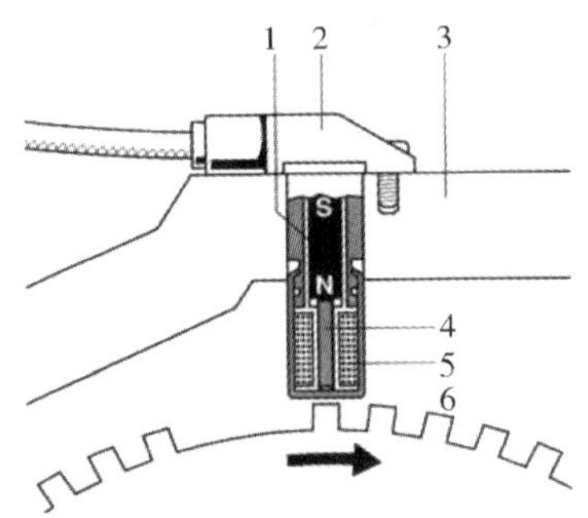

1 – 永久磁铁；2 – 壳体；3 – 发动机机体；4 – 软磁铁心；5 – 线圈绕组；6 – 带定时记号的触发轮

图 10.2　发动机转速传感器结构

工作原理：当发动机旋转时，触发轮的轮齿顺序通过磁头，使磁隙不断发生变化，通过感应线圈的磁通也不断发生变化，从而在线圈的两端产生交变电动势，这些交流信号经过整形放大后，形成方波被送入 ECM。为了让 ECM 根据传感器信号判断曲轴位置，还应在触发轮上对应着某一缸的上止点做一个或几个空缺齿。如图 1.3 所示。

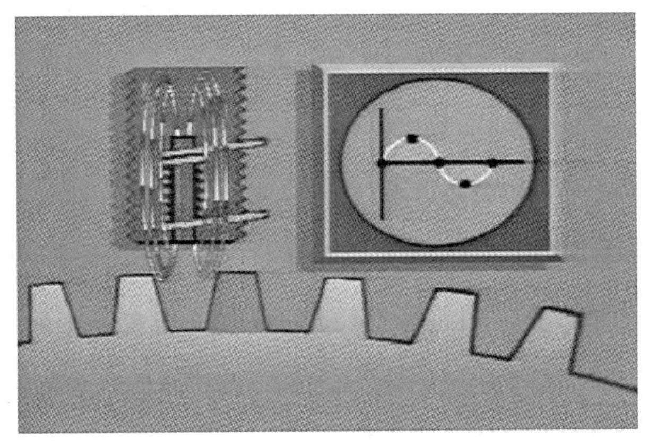

图 10.3　发动机转速传感器工作原理

2. 检修方法讲解与示范。

发动机转速传感器与 ECM 连接电路如图 10.4 所示，具体检测步骤如下。

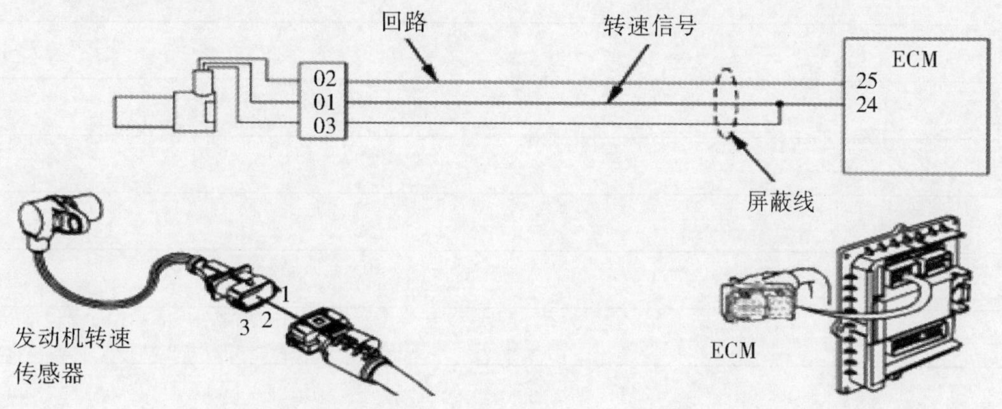

图 10.4　发动机转速传感器与 ECM 连接电路

（1）外观检查。

①检查传感器安装状态是否符合要求（传感器与信号轮的标准间隙一般为 0.8 ~ 1mm）；

②拆下传感器检查永久磁铁部位是否吸附有铁屑。

（2）外线路检查。

参考电路图，用万用表的电阻挡，分别测量传感器线束端 01、02、03 端子与 ECM 线束端 25、24 对应端子之间的电阻值，来判断外线路是否存在短路及断路故障。

（3）传感器阻值测量。

关闭点火开关，拔下发动机转速传感器插头，测量传感器端 01#与 02#端子间的电阻值。标准阻值：650 ~ 1000Ω（其技术规范见表 10.1），否则更换发动机转速传感器。

表 10.1　发动机转速传感器技术规范

发动机转速传感器		
扭矩 ＝ 8 Nm［71 in – lb］		
温度（℃）	温度［℉］	电阻（Ω）
–30	–22	688
20	68	860
50	122	963

3. 安排学生进行分组实践练习。

学习笔记

4. 完成实训报告。

传感器种类（电磁感应式）	检测方法与步骤	检测数据（Ω）	成绩评定
转速传感器			
位置传感器			

四、实训注意事项

1. 重点观察学生掌握检测的方法与步骤是否符合规范；

2. 学生是否正确使用万用表测量。

五、实训结果评定

1. 根据各个小组的检测情况，教师进行实训报告讲评；

2. 根据学生完成实训报告或者主动提问的情况进行登记，记入实训成绩。

实训任务十一　检测喷油器

学生姓名	专业	学号	班级	实训时间	实训地点	指导教师	实训成绩

一、实训目的（2 学时）

知识点：了解康明斯 ISBe 电控发动机喷油器的工作原理。

技能点：能够正确检测电控柴油机喷油器。

二、实训设备及工具

1. 康明斯 ISBe 电控柴油机 1 台；

2. 康明斯 ISBe 电控柴油机控制系统故障模拟板 1 台；

3. 万用表测量工具 2 套。

三、实训操作步骤及方法

1. 讲解电控发动机喷油器的结构及工作原理。

ECM 操纵喷油器电磁阀以控制燃油计量和正时。每个喷油器电磁阀通过驱动导线和回路导线连接到 ECM，电脉冲信号从 ECM 上的驱动导线发送到喷油器，并在驱动电磁阀后返回 ECM 回路导线。每种电磁阀都是常闭型，仅在喷油和计量期间收到 ECM 的电脉冲时才开启。

喷油器主要由控制柱塞、喷油嘴针阀和电磁阀等组成，如图 11.1 所示。

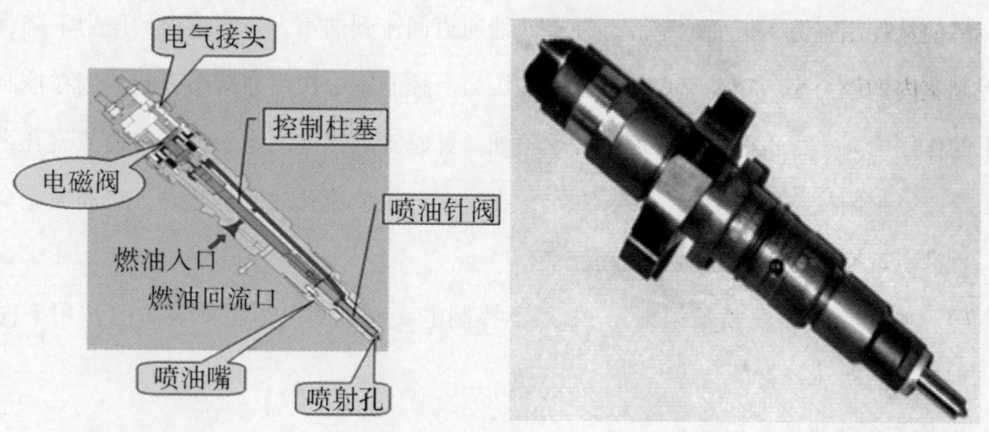

图 11.1　喷油器结构

工作原理：

（1）喷油器关闭（静止状态）：电磁阀在静止状态不受控制，因此是关闭的（图 11.2）。回油节流孔关闭时，电枢的钢球通过阀弹簧压在回油节流孔的座面上。控制室内建立共轨的高压，同样的压力也存在于喷油嘴的内腔容积中。共轨压力在控制柱塞端面上施加的力及喷油器调压弹簧的力大于作用在针阀承压面上的液压力，针阀处于关闭状态。

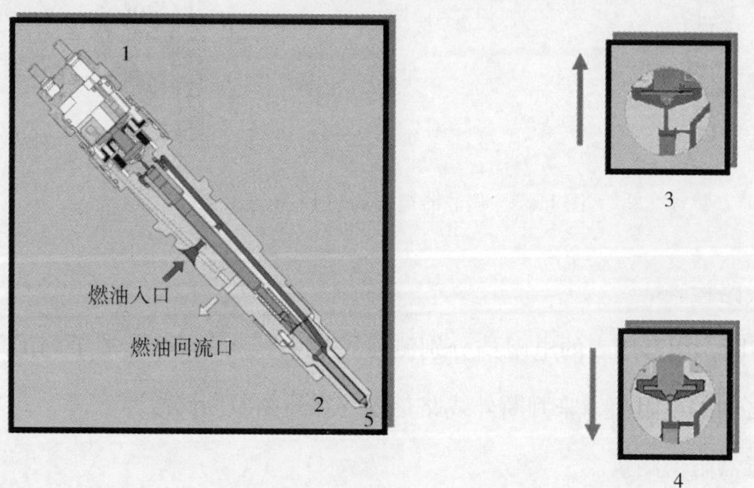

1－电气接头；2－喷油嘴；3－升起的喷油器电磁阀；4－落下的喷油器电磁阀；5－喷射孔

图 11.2　喷油器工作原理

（2）喷油器开启（喷油开始）喷油器一般处于关闭状态：当电磁阀通电后，在吸动电流的作用下迅速开启（图 11.2）。当电磁铁的作用力大于弹簧的作用力时，回油节流孔开启，在极短时间内，升高的吸动电流成为较小的电磁阀保持电流。随着回油节流孔的打开，燃油从控制室流入上面的空腔，并经回油通道回流到油箱。控制室内的压力下降，于是控制室内的压力小于喷油嘴内腔容积中的压力。控制室中作用力减小引起作用在控制柱塞上的作用力减小，从而针阀开启，开始喷油。针阀开启速度决定于进、回油节流孔之间的流量差。控制柱塞达到上限位置，并定位在进、回油节流孔之间。此时，喷油嘴完全打开，燃油以近似于共轨压力值喷入燃烧室。

（3）喷油器关闭（喷油结束）：如果不控制电磁阀，则电枢在弹簧力的作用下向下压，钢球关闭回油节流孔。

2. 检修方法讲解与示范。

喷油器电磁阀与 ECM 连接电路如图 11.3 所示，具体检测步骤如下。

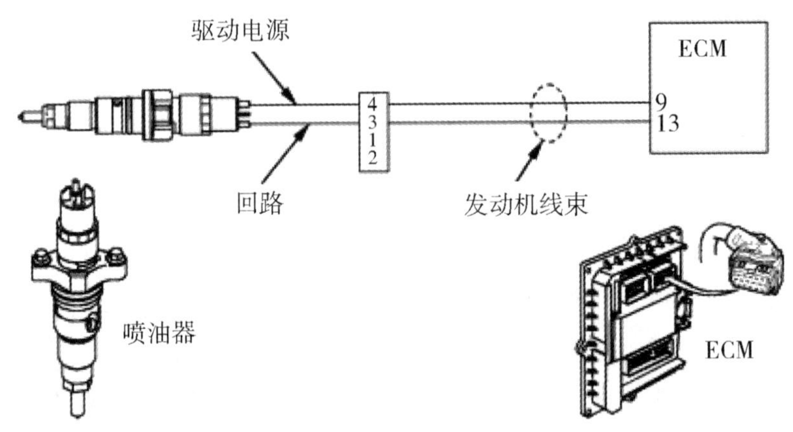

图 11.3　喷油器电磁阀与 ECM 连接电路

（1）外线路检查。

参考电路图，用万用表的电阻挡分别测量传感器线束端 3、4 端子与 ECM 线束端 9、13 对应端子之间的电阻值，来判断外线路是否存在短路及断路故障

（2）执行器阻值测量。

关闭点火开关，拔下喷油器电磁阀插头，测量执行器端 3#与 4#端子间的电阻值，标准阻值：小于 0.5Ω，否则更换喷油器（减去万用表表笔电阻以求得准确的电磁阀电阻）。

（3）电磁阀工作电压检查。

启动发动机的情况下，喷油器电磁阀端子处应有 5V 脉冲电压输入，或用试灯（须串联 300Ω 左右的电阻）连接喷油器电磁阀两个端子，启动时试灯应时亮时灭。

3. 安排学生进行分组实践练习。

学习笔记

4. 完成实训报告。

喷油器检测	检测方法与步骤	检测数据（V、Ω）	成绩评定
外线路检查			
阻值测量			
电磁阀工作 电压检查			

四、实训注意事项

1. 重点观察学生掌握检测的方法与步骤是否符合规范；

2. 学生是否正确使用万用表测量。

五、实训结果评定

1. 根据各个小组的检测情况，教师进行实训报告讲评；

2. 根据学生完成实训报告或者主动提问的情况进行登记，记入实训成绩。

实训任务十二　检测电子油门踏板

学生姓名	专业	学号	班级	实训时间	实训地点	指导教师	实训成绩

一、实训目的（2 学时）

知识点：了解康明斯 ISBe 电控发动机油门踏板的工作原理。

技能点：能够正确检测发动机电子油门踏板。

二、实训设备及工具

1. 康明斯 ISBe 电控柴油机 1 台；
2. 电子油门踏板 2 个；
3. 万用表测量工具 2 套。

三、实训操作步骤及方法

1. 讲解电控发动机油门踏板的工作原理。

康明斯车用和工程机械用电控发动机上，传统的机械拉杆式油门被一个标准的 6 线式电子油门所取代，油门踏板和发动机之间不再有任何的机械连接，既提高了油门的响应速度和精度，也有利于整车的布置。

如图 12.1 所示，油门内部由一个电位计（可变电阻）和一个单刀双掷开关组成。单刀双掷开关的作用是向 ECM 提供怠速与非怠速信号，所以此开关也叫怠速有效开关。在司机踩与不踩油门时，此开关分别处在非怠速与怠速两个不同的接通位置，ECM 即可通过此开关的接通位置判断司机是否已经踩下油门。

司机踩下油门的深度，即油门踏板开启角度或油门信号，是通过一个电位计来提供的。此电位计的工作电压为5V，油门信号电压在略大于0V和小于5V之间的电压变化。

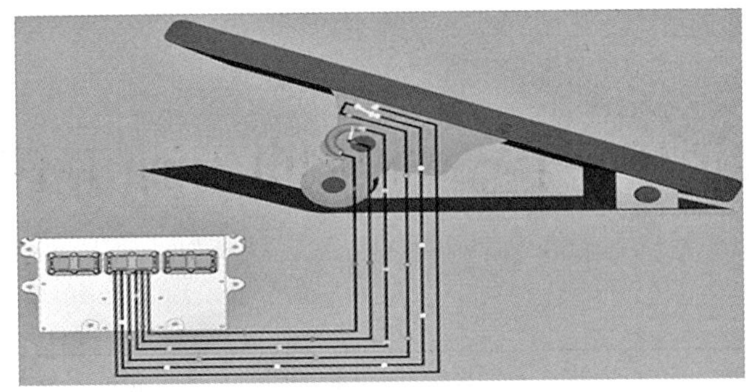

图 12.1　油门踏板位置工作原理示意图

2. 检修方法讲解与示范。

油门踏板与ECM连接电路如图12.2所示，具体检测步骤如下。

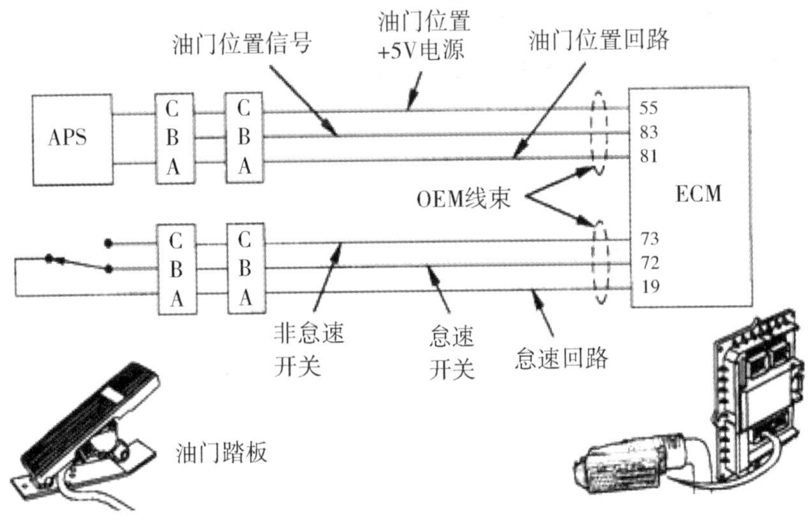

图 12.2　加速踏板位置传感器与ECM连接电路

（1）外线路检查。

参考电路图，用万用表的电阻挡分别测量加速踏板位置传感器的各端子与对应的ECM端子之间的电阻值，来判断外线路是否存在短路及断路故障。

（2）传感器电压值测量。

关闭点火开关，拔下加速油门踏板位置传感器插头，然后接通点火开关“ON”，测量APS线束侧插头C端与A端搭铁之间电压值，应为5V电压。若电压不正常，则说明ECM有故障。

（3）怠速有效开关检测。

在传感器侧分别测量怠速开关信号（B）端子、非怠速开关信号（C）端子与怠速回路（A）端子之间的导通情况。加速踏板完全放松时，怠速开关信号（B）端子与怠速回路（A）端子之间应导通，踩下加速踏板时应不导通；加速踏板踩下时，非怠速开关信号（C）端子与怠速回路（A）端子之间应导通，加速踏板放松时，应不导通。

（4）油门位置传感器电阻值测量。

关闭点火开关，拔下 APS 传感器插头，测量油门位置传感器侧 C、A 端子之间电阻，应为2～3KΩ；测量 B、A 端子（释放踏板）之间电阻，应为1.5～3 KΩ；测量 B、A 端子（踩下踏板）之间电阻，应为0.2～1.5KΩ。

3. 安排学生进行分组实践练习。

学习笔记

4. 完成实训报告。

油门踏板检测	检测方法与步骤	检测数据（V、Ω）	成绩评定
外线路检查			
传感器电压测量			
怠速有效 开关检测			
油门位置 传感器阻值测量			

四、实训注意事项

1. 重点观察学生掌握检测的方法与步骤是否符合规范；

2. 学生是否正确使用万用表测量。

五、实训结果评定

1. 根据各个小组的检测情况，教师进行实训报告讲评；

2. 根据学生完成实训报告或者主动提问的情况进行登记，记入实训成绩。

实训任务十三　康明斯 ISBe 柴油机控制系统综合故障设置及排除

（模拟板综合故障实验）

实训基本信息

学生姓名	专业	学号	班级	实训时间	实训地点	指导教师	实训成绩

一、实训目的（4 学时）

技能点：考查学生实际掌握电控柴油机控制系统综合故障的判断与排除能力

二、实训设备及工具（见图 13.1）

1. 电控柴油机模拟板 1 台；

2. 电路检测工具 1 套及万用表 1 台；

3. 故障诊断软件 1 套。

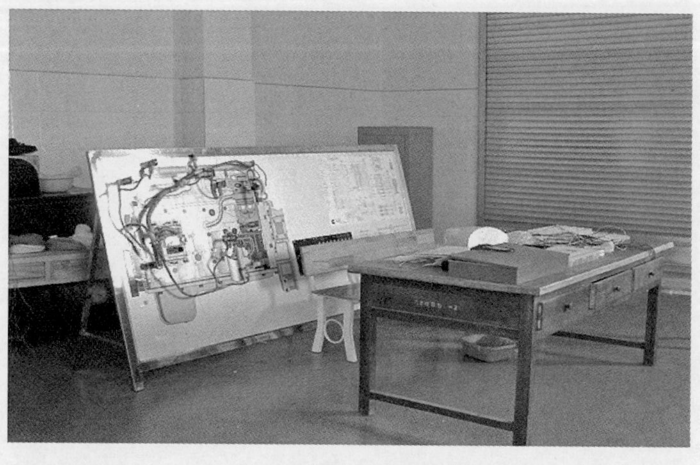

图 13.1　实训设备及工具

三、实训内容及要求

1. 首先教师在模拟板上分别设置以下故障之一，学生在 20 分钟内完成故障诊断与排除以及工作单的填写。

①电源电路或者通讯方面的故障；

②温度类传感器的故障；

③压力类传感器的故障；

④转速、位置类传感器的故障；

⑤喷油器故障；

⑥油门踏板故障。

2. 学生进行诊断软件与发动机的连接。

3. 读取故障代码。

4. 故障分析与检测。

5. 完成工作单（见表 13.1）。

6. 排除故障并且清除故障代码。

四、实训注意事项

1. 本实验的重点是考核学生实践学习的效果；

2. 根据课程时间的长短，可以分组或者个人进行。

实 训 工 作 单（表 13.1）

课程名称	工程机械电控柴油机检修	姓名		日期	
实验项目	康明斯 ISBe 柴油机控制系统综合故障诊断与排除	班级		学号	
实训设备	康明斯 ISBe 电控柴油机故障模拟板、故障诊断软件、万用表	实训场地		发动机实训室	
实验任务	模拟板故障诊断与排除				

实训过程记录

步骤 1：故障诊断软件与发动机的连接

步骤 2：读取故障代码及作出故障分析

步骤 3：检测方法与步骤

步骤 4：排除故障，并且清除故障代码

教师对学生实训情况进行评价和点评。

____

____

____

学生实验成绩：______________　　　　指导教师 ______________